어떻게 살고, 어떻게 죽을것인가

제임스 더럼 지음 | 송용자 옮김

씨뿌리는사람

어떻게 살고, 어떻게 죽을것인가

1판 1쇄 인쇄 2016년 6월 3일
1판 1쇄 발행 2016년 6월 10일

지은이 제임스 더럼
옮긴이 송용자
발행인 한동인
펴낸곳 (주)씨뿌리는 사람

등록번호 제2006-4호
주　　소 경기도 이천시 경충대로 2096-4
　　　　　　(서울사무소) T. 741-5181, 4 F. 744-1634

책값은 뒤표지에 있습니다.

ISBN 978-89-90342-37-9 93230

Web www.kclp.co.kr
Mobile-Web m.kclp.co.kr
e-mail kclp@kclp.co.kr

"천국은 마치 사람이 자기 밭에 갖다 심은 겨자씨 한 알 같으니
이는 모든 씨보다 작은 것이로되 자란 후에는 나물보다 커서 나무가 되매
공중의 새들이 와서 그 가지에 깃들이느니라" (마 13:31-32).

공급처 기독교문사 도매부 T. 741-5181~3 F. 762-2234

The Blessed Death of Those Who Die in the Lord

James Durham

∽ ∽

요한계시록 14장 13절에 관한 영혼을 울리는,

예리하면서도 부드러운 일곱 편의 설교가 있습니다.

글래스고우의 복음 설교자, 제임스 더럼에 의해 전달된

이 간결하면서도 견고한 설교집 안에는

주 안에서 죽음을 맞이하는 자들에 관한

설득력 있는 글들이 담겨져 있습니다.

∽ ∽

"나는 나의 싸우는 모든 날 동안을 참고 놓이기를 기다렸겠나이다"
(욥 14:14).

"우리에게 우리 날 계수함을 가르치사 지혜의 마음을 얻게 하소서"
(시 90:12).

CONTENTS

그리스도인 독자들에게 _ 9

1. 죽음은 확실하다 _ 23

2. 진정한 축복으로 가는 길 _ 49

3. 진정한 비참함에 이르는 길 _ 91

4. 주 안에서 죽음을 맞기 위한 지침 _ 123

5. 갑자기 죽음이 찾아올 때 _ 161

6. 죽음은 묵상을 위한 합당한 주제이다 _ 197

7. 죽음 안에서 믿는 자가 누리는 격려와 용기 _ 225

"또 내가 들으니
하늘에서 음성이 나서 가로되 기록하라
지금 이후로 주 안에서 죽는 자들은 복이 있도다 하시매
성령이 가라사대 그러하다 저희 수고를 그치고 쉬리니
이는 저희의 행한 일이 따름이라 하시더라"
(계 14:13).

그리스도인 독자들에게

그리스도인 독자 여러분,

죄가 비참하게도 우리를 덧없고 초라한 모습으로 방황하다가 죽을 수밖에 없는 존재로 만들고는 그 지배를 벗어날 수 없게 만든 이후로 수많은 흥망성쇠와 변화들이 있었습니다. 우리는 슬퍼하고 신음하는 보잘것없고 하찮은 존재들입니다. 그 모든 변화의 결과는 결국 죽음을 통해서 오게 되는 가장 크고 엄청난 변화로 귀결됩니다. 그것은 이 세상에서 우리에게 다가오는 모든 변화에 종지부를 찍습니다. 그리고 그것을 통해서 우리 한 사람, 한 사람은 성별과 연령, 신분과 능력, 빈부에 상관없이 축복과 비참함이라는 영원히 변하지 않는 상태로 던져지게 될 것입니다. 그렇다면 그것은 분명 대단히 슬픈 일입니다. 아무리 피눈물을 쏟으며 한탄과 비탄 속에서 울부짖어도 충분하지 않을 슬픔입니다. 하나님 안에서 영원한 축복을 누리거나 그분의 임재로부터 분리되어 영원한 비참함을 감당해야 하는 불멸의 영혼을 소유한 자들은 분명 영원한 결과로 이끄는 이 변화를 가장 진지하게 묵상해야 할 것입니다. 마치 성령의 감동으로 기록된 성경이 온통 그것에 대해서 이야기하고 있는 것처럼 말입니다.

그러나 그럼에도 불구하고 죽음은 가장 확실한 것입니다. 모든 인간은 하나님의 정하심에 따라 절대적인 필요성을 전제로 죽음을 맞이합니다. 그 정하심은 결코 오류가 없는 것일 뿐만 아니라 정확한 때에 정확한 곳에서, 정확한 방식으로 이루어집니다. 자연적인 죽음, 사고나 사건으로 인한 죽음, 갑작스런 죽음, 천천히 찾아오는 죽음의 문제가 그것에 의해서 정해집니다. 우리의 때는 하나님의 손에 달려 있습니다. 우리의 날과 달과 절기와 해가 그분의 뜻과 섭리에 달려 있습니다. 모든 인간에게는 정해진 때가 있습니다. 하나님께서 그 때를 미리 정하셨습니다. 때와 기한은 아버지께서 자기의 권한에 두셨습니다. 그분께서는 "그날을 정하셨고 그 달 수도 주께 있으므로 그 제한을 정하여 넘어가지 못하게 하셨습니다"(욥 14:5).

시편 기자가 피를 흘리게 하며 속이는 자들에 대하여 한 말은 논쟁의 여지가 없는 사실입니다. 그는 그들이 저희 날의 반도 살지 못할 것이라고 말합니다. 그것은 그들이 보통의 자연적인 과정에 따라서 살 수 있는 연수보다 절반도 살지 못할 것이라는 말입니다. 또한 그것은 그들이 바라고 계획하고 기대하는 연수보다 절반도 살지 못할 것이라는 뜻이기도 합니다. 그들은 한창 일에 열중해 있을 때, 자신들의 계획과 의도대로 일이 진행 중에 있을 때 데려감을 받게 될 것입니다. 혹은 히스기야 왕에게 내려졌던 것처럼 치명적인 질병이라는 죽음의 선고에 의해서 데려감을 받을지도 모릅니다. 그러나 그것은 하나님의 계획과 목적을 바꾸신 것이 결코 아닙니다. 히스기야의 경우 십오 년이라는 시간이 더 주어지기는 했지만 하나님은 사람이 아니시므로 결코 변개치 않으시는 분입니다. 그분의 뜻은 완전히 설 것입니다. 그분은 변함도 없으시고 회전하는 그림자도 없으신 분이기 때문입니다(약 1:17). 그분은 자기의 영원하신 목적으로 히스기야의 생명을 연장시키겠다고 선포하셨고 결코 오류가 없는 목적과 계획에 의해 그 약속을 이행하실 것을 확실히 보증하셨습니다. 즉 히스기야 왕은 자신의 병이 낫기 위해 기도했을 때 스스로를 겸손히 낮추었으며 거룩함을 진지하게 실행에 옮기기 위해서 온 힘을 기울였던 것입니다.

또한 죽을 수밖에 없는 인생의 기간이 하나님의 영원하신 목적 안에서 변경할 수 없게 고정되어 있다는 것을 부인하는 것은 성경이 절대적이고 단호하게 선포하는 내용과 전혀 일치하지 않는 것입니다.

이것은 주목해서 살펴볼 만한 가치가 있습니다. 인간의 삶의 기간이 정해진 것이 아니라 가변적인 것이라고 가장 폭력적으로 주장하는 사람들은 (저는 '가장 폭력적으로' 라는 표현을 사용합니다. 이것을 주장하는 어떤 정통파의 사람들이 있다는 것을 알고 있기 때문입니다.) 자연 법칙의 관점에서도 우연적이고 불확실할 뿐만 아니라 심지어는 하나님의 영원한 법과 예지 속에서조차도 그렇다고 주장하고 있는 것입니다. 그들은 또한 인간의 영원한 영적 상태에 대한 하나님의 법칙의 가변성과 조건성을 (이 두 가지 모두 동일한 비중을 차지합니다.) 단호하게 지지합니다. 비록 그분께서는 모든 사역이 처음부터 알려져 있는 것이기는 하지만 그들은 다른 어떤 것에 의해서 통제받는 것이 아니라 스스로를 통제하는 자유 의지로부터 나오는 새로운 사건이나 변수로 하여금 새로운 조치와 결단을 취하도록 만드는 분으로, 혹은 적어도 자기의 목적을 의심하고 결정하지 못한 분으로 그분을 만들어 버립니다. 이것은 무한히 지혜롭고 절대적인 권위를 가지고 계시며 온 세상의 주관자 되시는 하나님께 결코 합당치 않은 것으로, 모든 권위 있는 정통 신학자들에 의해서 타파된 주장입니다. 이 주장은 (아무리 다른 모습으로 가장하고 있어도) 주권적인 통치와 무한한 권능을 가지신 창조주 하나님께 한계를 지으려는 것과 같습니다. 그리고 그렇게 함으로써 유한하고 하찮은 피조물이 가진 의지의 영역과 자유의 영역을 더 넓게 확장하려는 의도가 숨어 있습니다. 그러나 그것은 결코 진정한 자유가 아닐 뿐더러 자유라는 이름을 부여할 가치조차 없습니다. 그것은 하나님의 아들이 자유롭게 하신 영역이 아니기 때문입니다. 그것은 값없이 주신 은혜라는 머리에서 죄인들의 회심과 구원이라는 영광의 면류관을 벗어던지고 가장 패역하게 자신의 머리에 최고의 자유 의지라는 관을 씌우는 것과 같습니다. 그리고 보잘것없는 인간으로 하여금 교만하게 자신을 다른 사람들과 다르게 만든 이가 하나님이 아니라 자기 자신이라고 자랑하게 만들고 자신의 회심과 구원의 문제를 하나님의 택하심이 아닌 자신의 순종적이고 고분고분한 자유 의지 때문이라고 여기게 만드는 것입니다. 뿐만 아니라 그것은 성경의 진리에 완전히 위배되는 것입니다.

만일 너무나 변덕스럽고 오만하며 반항적이고 부패한 인간의 이성이 (무엄하게도 끝도 없고 그 깊이도 알 수 없는 하나님의 법도와 섭리라는 대양의 깊은 심연을 이해해 보려고 하고 자신의 작고 얕은 조개껍질 속에 그것을 담아 보려고 시도하고 있지만) 스스로 정신을 차리고 겸손히 깊은 묵상 속으로 들어가서 잠잠해진다면 인간이 죽을 수밖에 없다는 고정 불변의 진리에 대한, 그리고 그들의 영적이고 영원히 계속되는 상태에 관한 변개할 수 없는 그분의 법령에 대한 모든 높고 교만한 논쟁과 추론은 곧 땅에 떨어지고 말 것입니다.

또한 그들은 하나님의 법령과 그 법령의 실행 사이에 있는 가장 심오하고 경탄할 만하며 지혜로운 긴밀성과 그곳으로 이끌어 주는 모든 수단을 보게 될 것입니다. 아합과 사마리아인, 그리고 우리 주님의 생애 마지막이 이미 정해져 있었다는 것은 분명합니다. 성경에서 그것이 이미 명백하게 예언되어 있기 때문입니다. 그리고 하나님의 예언이 잘못된다는 것은 불가능합니다. 그러나 아합을 활로 쏘았던 사람은 능동적으로 자유 의지에 의해서 그 일을 행했습니다. 사마리아 주인을 발로 밟은 사람들은 다른 사람의 강요에 의해서 억지로 모여서 그 일을 한 것이 아니었습니다. 그리스도를 죽인 자들에게서는 양심의 가책을 전혀 찾아볼 수 없었습니다. 그들은 자신들이 단지 하나님의 뜻을 행하고 있다고 생각했을 뿐이었습니다. 그러나 우리 주님께서는 자신을 보호하기 위해 합법적인 수단들을 사용하시거나 유대인들의 공격으로부터 자신을 숨기기 위해 그 어떤 것도 하지 않으셨습니다. 물론 성경에서 그분의 때가 아직 이르지 않았다고 자주 언급되고 있기는 하지만 말입니다. 이런 예들을 통해서 볼 수 있듯이 하나님의 정하심은 결코 인간의 자유 의지에 의해서 침범당할 수 없는 것이 분명합니다. 또한 그것은 그들이 지은 죄를 핑계 댈 만한 변명거리도 될 수 없습니다. 변개할 수 없는 하나님의 명령과 법도의 효력은 이런 것을 무시함으로 인해 이루어지는 것이 아니기 때문입니다.

우리의 죽음이 부인할 수 없는 분명한 사실이듯이 이 세상에서 우리에게 허락된 시간이 짧다는 것도 부인할 수 없는 사실입니다. 사실 하나님 앞에서는 우리의 인생과 연수가 한 뼘도 되지 않는다고 해도 과언이 아닐 것입니다. 우리의 날들은 이야기 하나를 풀어 놓는 것처럼 금새 흘러가고 맙니다. 다음 말씀들을 보십시오. "세상에 있는 날이 그림자 같아서 머무름이 없나이다"(대상 29:15). "나의 날이 체부보다 빠르니 달려가므로 복을 볼 수 없구나 그 지나가는 것이 빠른

배 같고 움킬 것에 날아 내리는 독수리와도 같구나"(욥 9:25, 26). "내일 일을 너희가 알지 못하는도다 너희 생명이 무엇이뇨 너희는 잠깐 보이다가 없어지는 안개니라"(약 4:14). 그것은 연약한 입김에도 금방 사라져 버립니다. 생명의 숨이 다하는 정확한 시간은 가장 오류 없는 확실한 것이지만 우리에게는 가장 알 수 없는 불확실한 것이기도 합니다.

죽음은 보통 우리가 전혀 예상하지 못한 때에 우리를 찾아옵니다. 그것은 '밤에 도적같이' 우리를 찾아옵니다. 우리가 지금 힘이 세고 건강하다고 해도 갑자기 힘이 약해지고 병에 걸릴지도 모릅니다. 지금 우리는 살아 있지만 조금씩, 조금씩 죽어가고 있는 것입니다. 즉 우리 죽음의 확실성과 연약하고 깨지기 쉬운 인생이 가진 극도의 간결성은 우리 존재가 이 세상에서 가진 시간의 불확실성과 함께 온 힘을 다하여 또 다른 세상을 준비하라고 큰소리로 우리에게 요구합니다. 또한 그리스도의 십자가의 피를 통하여 하나님과 화평을 이루고 그분과의 친밀한 관계를 확실하게 하는 일에 진지하게 마음을 기울이라고 요구합니다. 그리고 진심으로 은혜의 언약에 동의하며 그것을 붙잡음으로써 그분을 찾고 구하는 일을 최고의 관심사로 만들도록 최선을 다하라고 요구합니다. (그것은 유일하게 영원히 지속되는 관심사로써 다른 모든 관심사는 그것에 비한다면 사소하고 보잘것없는 것에 불과합니다.) 또한 우리의 죽음은 확실하지만 우리가 얼마나 살지는 불확실하다는 것을 마음에 새기라고 요구합니다.

우리는 은혜를 통해서 우리의 허리띠를 졸라매고 감정을 동여매어서 이 땅 위에서 질질 끌지 않도록 해야 합니다. 그리고 견고하고 확실한 근거 위에서 우리가 은혜의 줄기를 가지고 있다는 것을 확실하게 할 뿐만 아니라 그것을 생활 속에서 실천할 때 생생하고 활기찬 것이 되도록 우리의 등잔에 불이 꺼지지 않게 해야 합니다. 우리가 주님이 오시기를 기다리는 자가 되기 위해서는 그 등불을 단순히 꺼지지 않는 정도가 아니라 활활 타오르게 해야 합니다. 그분이 언제 오시든 우리는 언제나 그분께 즉시 문을 활짝 열어 드릴 수 있도록 만반의 준비를 갖추고 있어야 합니다. 단지 한 번 문을 두드렸다고 해도 말입니다. 그 경고의 소리를 듣는 때가 밤이건, 낮이건, 한 시간이든, 혹은 한 순간이든 상관이 없습니다. 그 경고의 소리를 언제 듣든 우리의 집을 질서 정연하게 해 놓고 우리 영혼의 영적 문제들을 좋은 모습으로 잘 정리해 놓아야 합니다. 그래서 우리가 우물쭈물하고 졸지 않도록 주의해야 합니다. 그리고 갑자기 말할 수 없는 형벌로 인해 놀라지 않도록 주의해야 합니다.

그렇게 한다면 우리는 죽음이 언제 어디서 어떻게 우리를 찾아오든 우리에게 이익이 된다는 확신에 찬 결론을 내릴 수가 있습니다. 죽음이 왔을 때 우리 안에 남아 있는 모든 죄와 죄의 유혹들, 황폐함, 하나님의 얼굴로부터 버림 받고 가려질 것에 대한 불평과 두려움에, 우리의 은혜로운 상태와 하나님과의 관계에 대한 의문에, 뒷걸음질친 것에 대한 두려움에, 죄를 짓고 상처를 주는 두려움에, 어려움과 슬픔과 안타까움과 한숨에, 하나님을 섬기고 그분께 예배를 드리며 그분께 영광을 올려 드리는 것을 꺼려하는 주저함에, 그분과의 교제를 방해하는 것에, 그리고 모든 죄악된 무지와 불완전한 지식에 종지부를 찍을 것이기 때문입니다. 천국에서 위대한 신학자들은 자신들이 연구했던 모든 것을 책 없이 볼 수 있게 될 것입니다. 그리고 하나님의 축복의 얼굴을 아무런 어려움 없이 보게 될 것입니다. 죽음은 그분을 닮은 우리의 모습을 보며 만족하게 될 축복의 상태로, 그분을 얼굴과 얼굴을 맞대고 보는 것이 허용되는 축복의 상태로 우리를 안내할 것입니다. 그것은 우리를 온전하고 즉각적이며 결코 방해받지 않는 그분과의 교제 속으로 인도해 줄 것입니다. 그때 우리는 온전하게 그분의 형상을 닮은 우리의 모습 속에서 그분을 볼 수 있는 특권을 누리게 될 것입니다. 그리고 그곳에서 이 세상에서의 어떤 모습보다도 가장 최고의 모습으로 그분을 섬기게 될 것입니다.

그곳에서 우리는 그분께서 그분을 섬기도록 우리에게 명하신 대로, 또 그분이 원하시는 대로 그분을 섬기게 될 것입니다. 그것은 우리의 상상을 뛰어넘는 고매한 상태이며 이 땅에서는 결코 경험할 수 없는 상태입니다. 아! 그리스도인이라고 고백하고 스스로 경건한 자인 척 외식하는 수많은 무리 속에서 얼마나 소수의 사람들만이 그곳에 가게 될는지요!

오랜 세월 동안 궁전에서 호화로운 삶을 누리다가 죽기 전 칠 년간을 시골의 한적한 집에서 말년을 보낸 로마 장군이 있었습니다. 그는 시골의 한적한 생활을 마음껏 즐기면서 궁전의 분주하고 요란스러우며 방해받던 생활로부터 자유로워진 그 생활이야말로 진정 살아 있는 것이라고 생각했습니다. 그는 자신이 죽으면 묘비에 다음과 같이 써 달라고 명했습니다. "여기 노년의 나이에 생을 마감했지만 단지 칠 년만을 살다 간 자가 잠들다." 이렇게 안타깝고 슬픈 고백을 하며 죽어갈 신앙 고백자들이 얼마나 많을런지요! "아! 우리는 이 땅 위에서 수십 년을 보냈지만 단 한 번도 제대로 삶을 살았던 적이 없었다. 있다고 해도 고작 단 몇 년에 불과할 것이다." 하나님을 위해서, 예수 그리스도의 영광을 위해서 살지 않은 시간은 전혀 인생이라고 불릴 만한 가치가 없습니다. 그것은 이 땅 위에 살고 있다 할지라도 죽은 것이나 다름없기 때문입니다.

　불멸의 영혼을 소유하고 있다고 고백하는 사람들이, 특별히 복음의 빛 아래에서 삶을 살아온 사람들이 하나님을 위해서 삶을 살려는 노력도, 그런 삶을 계획하려고도 하지 않는다는 것은 실로 충격적인 일이 아닐 수 없습니다. 그들은 자신들이 잘 살아가고 있기 때문에 죽음의 순간에도 모든 것이 잘될 것이라는 백일몽, 즉 자신들이 주 안에서 죽을 것이므로 주 안에서 죽는 자들이 누리는 복을 누리게 될 것이고 그들처럼 자기의 수고를 그치고 쉬게 되며 자신들이 행한 일이 따라오게 될 것이라는 백일몽에 빠져 있는 사람들입니다. 그들은 아무 걱정도 없이 편안하게 침상에 눕습니다. 오, 어리석은 자가 꿈꾸는 허상의 낙원이여! 오, 한탄스럽고 저주받을 기만과 환상이여! 그러므로 영혼을 망치는 치명적인 오류에 속지 않기를 원한다면, 그리고 주 안에서 죽고 죽음의 순간과 죽음 뒤에 진정한 복을 누리게 될 것이라는 합당한 근거에 바탕을 둔 소망을 품기 위해서 거기에 합당한 삶을 살기를 진지하게 갈망한다면 (만약 그것이 없다면 그들은 차라리 살지 않는 편이 훨씬 나을 것입니다. 혹은 가장 천하고 멸시할 만한 짐승의 처지가 나았을 것입니다.) 다음에 나올 설교들을 부지런히 읽으십시오. 그리고 그것들을 축복해 달라고 기도하십시오. 그 설교들은 (탁월한 저자에 의해서) 그런 비참한 오류들을 바로잡아 주고 복된 죽음을 맞이하는 유일하고 확실하며 안전한 길을 향해서 바르게 방향을 잡아 줄 것입니다. 그리고 그 바른 길은 다름 아닌 거룩하게 사는 것입니다.

그리스도인 독자 여러분, 여러분은 이 주제에 관한 몇 편의 논문이나 책을 읽었을지 모릅니다. 그러나 저는 여러분이 이 책보다 더 간결하고 적절하며 강력한 책을 본 적이 없을 것이라고 자신합니다. 그와 동시에 이 책만큼 모든 종류의 독자들의 다양한 경우와 조건을 다루고 있는 책도 본 적이 없을 것입니다.

만일 그렇다면 이 작은 책을 계속해서 읽고 깊이 묵상해 보십시오. 저는 여러분이 이 주제에 대해서 이 책과 성경 외에 다른 책을 읽지 않는다면 하나님의 축복을 통해서 복된 죽음을 맞는 법에 대하여 충분한 가르침을 얻을 것이라고 감히 자신 있게 말씀드릴 수 있습니다.

우리 주 예수님이여, 영원토록 찬양을 받으소서! 그분은 자기의 저주받은, 그러나 가장 축복받은 죽음을 통해서 그분 안에서 죽는 자들이 받는 이 모든 축복을 획득하신 분입니다. 그분 안에서 죽는 자들은 죽음의 날까지 사탄과 세상의 공격과 그들 안에 내재하고 있는 모든 부패함의 잔재에도 불구하고 모든 축복을 받은 자들입니다. 그분께서 친히 그들에게 임할 축복을 선포하셨다면 누가 감히 그것을 취소할 수 있겠습니까? 오직 주 안에서 삶을 살고 죽음을 맞이하는 자들만이 진정한 축복을 받은 자들입니다. 모든 진정한 축복이 이 영광스러운 자들에게만 주어지기 때문입니다. 세상 어디에서도 그와 같은 행복은 결코 발견할 수 없을 것입니다. 여러분이 이 축복받은 자들의 무리 속에서 발견되는 것이 복음 안에서 여러분의 종 된 자인 저의 간절한 소망입니다.

존 카스테어즈

1
죽음은 확실하다

"또 내가 들으니 하늘에서 음성이 나서 가로되 기록하라 지금 이후로 주 안에서 죽는 자들은 복이 있도다 하시매 성령이 가라사대 그러하다 저희 수고를 그치고 쉬리니 이는 저희의 행한 일이 따름이라 하시더라"(계 14:13).

이 말씀은 그 자체만으로도 특별한 가치가 있고 의미심장한 말씀입니다. 또한 성령님께서 이 말씀에 상당한 중요성을 부여하신 것과 요한에게 그것을 기록하도록 특별한 사명을 부여하신 것은 주목해서 살펴볼 만합니다. 따라서 이 말씀은 단순히 단상에서 가르치는 차원을 넘어서 주목해서 살펴봐야 한다는 것이 모든 이의 공통된 생각이었습니다. 그것은 이 말씀이 주 안에서 맞이하는 죽음과 그러한 죽음을 맞는 자들에게 주어지는 행복으로 가는 올바른 길에 관한 매우 크고 중요한 진리를 담고 있기 때문입니다. 축복은 시대를 초월하여 모든 사람이 생각하고 그 길을 찾으려고 한 가장 중요한 주제였습니다. 비록 많은 이들이 안타깝게도 그것을 잘못 생각하고 그것에 도달하는 방법을 오해했지만 말입니다. 여기, 그것에 이르는 가장 가까운 길이, 가장 가까운 문이 있습니다. 올바르게, 그리고 잘 죽는 방법 또한 여기에 있습니다. 그것은 바로 주 안에서 죽는 것입니다.

요한이 복음의 전달자들을 통해서 이 세상에 선포된 경고와 계시를 선포하고 그 복음을 듣지 않은 자들에게 주어지는 심판을 선포하기 전에 이 아름다운 말씀이 하늘의 음성을 통해서 삽입됩니다. 그분은 말씀합니다. "기록하라."

그 말씀이 내포하는 의미는 이렇습니다. 슬프고 애통하는 날들이 올 것이고 하나님께서 복음을 무시한 자들을 계수하시기 시작한 후에 누구에게나 심판이 임할 것입니다. 하나님께서는 심판의 위엄과 참혹함을 드러내시고 그것에 대하여 믿는 자들을 위로하시기 위해서 요한으로 하여금 그분 안에서 죽는 자들은 결코 심판을 두려워할 필요가 없다는 것을 기록하도록 명령하십니다. 그것은 마치 그분께서 "다가올 심판은 극심하며 많은 이들이 그 심판으로 인하여 제거될 것이나 그 극심한 재앙 속에서 믿는 자들, 특별히 미리 데려감을 받은 자들은 자신들이 복된 자들임을 알게 될 것이다. 그러나 그럼에도 불구하고 내 안에서 죽는 모든 자들은 복 받은 자들이다."라고 말씀하시는 것과 같습니다.

이 말씀 속에는 생각해 볼 다음의 네 가지 주제가 들어 있습니다.

1. 서문: "내가 들으니 하늘에서 음성이 나서 가로되 기록하라." 이 말씀은 그 문제와 사명의 중요성을 강조하고 있습니다. 이 말씀이 하늘로부터 주어진 것이기 때문입니다. 또한 요한은 그것을 기록하라는 명령을 받았습니다. 그것은 지금 우리가 호흡하며 살고 있는 이 시대의 교회들을 포함한 그리스도의 모든 교회에게 그리스도께서 친히 보내신 하늘의 메시지입니다.

2. 이 말씀 속에서는 단순 명료한 금언, 결론, 혹은 일반적인 교리라고 할 만한 것이 가장 확실하고 분명한 진리로 주장되고 있습니다. "기록하라." 그리스도께서 말씀하십니다. "주 안에서 죽는 자들은 복이 있도다." 그것은 가장 틀림이 없는 확실한 진리였고 이 세상 끝 날까지 변함이 없을 것입니다. 수많은 나라들이 세워지고 사라질지라도 "내 안에서 죽는 자들은 복이 있도다."

3. 이 진리의 보편성을 인정하는 선포가 이 말씀 안에 들어 있습니다. "성령이 가라사대 그러하다."

우리는 이 말씀을 마치 주 안에서 죽는 자들이 죽음의 시점부터 복을 받는 것처럼 해석해서는 안 됩니다. 비록 그것이 사실이기는 하지만 말입니다. 왜냐하면 첫째, 그것은 이 말씀이 이제 곧 다가올 참혹한 심판에 대하여 모든 믿는 자들에게 특별한 위로를 주기 위한 것이기 때문입니다. 둘째, 그것을 그렇게 설명하는 것은 여기에서 사용하고 있는 표현인 "지금 이후로"나 혹 "지금"(원본에 있는 것처럼)과 의미적으로 맞지 않기 때문입니다. 왜냐하면 그러한 의미로 쓰였다면 당시 표현으로서는 '그때 이후로' 라고 했어야 맞기 때문입니다. 즉 '그들의 죽음의 때로부터' 를 의미하는 표현을 썼어야 옳았다는 것입니다. 그러나 여기에 쓰인 표현은 분명 "지금 이후로"입니다. 그렇다면 주 안에서 죽는 자들이 소유하게 될 지금 이후로의 유일한 복이 무엇이냐고 묻는 사람이 있다면 그 대답은 다음의 덧붙여진 이유에서 끌어낼 수 있을 것입니다.

　4. 이유: 그들이 저희 수고를 그치고 쉬리니 이는 저희의 행한 일이 따름이기 때문입니다. 이것은 특별한 시련과 고난의 시간을 의미합니다. 그리고 그때가 임하기 전에 천국에 거하게 되는 것은 대단히 복된 일이라고 말합니다. 그런 이유에서 우리는 주 안에서 죽는 자들의 복이 바로 지금 적용

될 수 있다는 것을 다음의 세 가지 관점을 통해서 살펴보겠습니다. 그리고 그 세 가지 관점은 모두 여기에서 말하고 있는 범위 안에 들어맞습니다.

(1) 그들은 믿는 자들 가운데서 살아남은 이들이 겪게 될 고통과 시련을 겪지 않아도 됩니다. 남아 있는 자들은 다가올 심판 아래에서 고단하고 힘겨운 시간을 보낼 수밖에 없습니다. (다가올 심판이 실로 엄청난 재난의 시간이 될 것을 이 말씀이 내포하고 있기 때문입니다.) 그리고 솔로몬이 "그러므로 나는 살아 있는 산 자보다 죽은 지 오랜 죽은 자를 복되다 하였으며"(전 4:2)라고 말한 것처럼 다가오는 심판으로부터 데려감을 입은 자들은 복된 자들입니다. 그것은 그들이 살아남은 자들이 짓눌리게 될 고난과 시련, 괴로움의 무게로부터 자유로워질 것을 의미하고 있기 때문입니다. 그들은 힘겹고 고단한 세상으로부터 자유를 얻을 것입니다.

(2) 그들은 복된 자들입니다. 복음이 선포되었을 때 잠시 있을 고난의 두려움으로부터 자유롭고 구원의 문제에 대한 분명한 상태에서, 자신들이 즉시 천국으로 갈 것을 더 크게 확신하며 죽을 수 있기 때문입니다. 그것은 이 말씀의 끝부분에 선포되고 있는 "이는 저희의 행한 일이 따름이라"라는 말씀에 나타나 있습니다. 그들은 물론 자신들의 공로에 의해

서 받을 수 있는 것이 아무것도 없다는 것을 알고 있지만 적어도 선한 양심을 지킨 자들에게 그 말씀은 적지 않은 위로와 힘이 될 것입니다. 이사야 3장 10절에 기록되어 있듯이 그들은 자신들의 행위의 열매를 먹게 될 것이기 때문입니다. 하나님께서는 그분의 백성들에게 그들의 행위대로 구원을 베풀어 주시지는 않지만 그들의 행위대로 상급을 베풀어 주시기 때문입니다. 그분께서는 자기 백성들이 행한 모든 일이 결국 그에 합당한 보상을 받게 하실 것입니다. 이제 복음의 빛으로 말미암아 수많은 우상들이 범람하는 어두운 시대에 사람들을 뒤덮고 있는 불안과 걱정으로부터 자유롭게 된다는 것은 실로 그들이 누리게 될 축복의 특별한 부분임에 틀림이 없습니다.

(3) 이것을 11절과 비교해 보면 복음으로 말미암아 영원한 생명이 들어온 후에 주 안에서 죽는 자들은 복 있는 자들입니다. 그들은 짐승을 경배하는 자들이 가게 될 불타는 음부로부터 자유로운 자들이기 때문입니다. 빛이 임했을 때 주 안에서 죽는 자들, 즉 만일 주 안에서 삶을 살지도, 죽음을 맞이하지도 않았다면 그들이 만났을 것으로부터 자유를 얻은 자들이 복을 받은 자들이 아니고 무엇이겠습니까? 따라서 이 말씀은 복음이 선포될 때 사람들이 그리스도 안에서

삶을 살고 죽을 것을 결심해야 한다고 말하고 있는 것입니다. 그렇게 하지 않겠다고 한다면 복음이 없이 살았던 세상과는 비교도 할 수 없을 만큼 가장 저주스러운 상황 속에서 삶을 살다가 생을 마칠 것을 각오해야 할 것입니다.

이 결론 부분, 혹은 보편적인 교리에서 우리는 다음의 세 가지 사실을 이끌어 낼 수 있습니다.

첫째, 모든 사람에게 공통된 것, 즉 사람은 죽는다는 사실입니다. 선한 사람이든 악한 사람이든 사람은 모두 죽습니다.

둘째, 죽음은 모든 사람에게 공통된 것이지만 어떤 이들에게는 죽는다는 것이 다른 사람들과는 차이가 있는데 그것은 다름 아닌 바로 주 안에서 죽는 것입니다.

셋째, 주 안에서 죽는 자들에게는 특별한 결과 혹은 유익이 있습니다. 그것은 행복 혹은 축복이라고 말할 수 있을 것입니다. 이것은 또한 주 안에서 죽지 못하는 많은 사람들이 있음을 내포하고 있습니다. 따라서 주 안에서 삶을 살지도, 죽음을 맞이하지도 못하는 사람은 결국 저주받은 자일 수밖에 없습니다.

보편적인 교리는 단순하고 쉽습니다. 그러나 그것은 모든 사람이 주목해야 할 대단히 중요한 것입니다. 이 본문이 당신 심령 속에 깊고 선명한 인상으로 새겨졌다면 그것은 좋은 일입니다. 그것을 통해서 당신이 누리는 축복이 비단 당신의 삶으로부터만 누릴 수 있는 것이 아니라 당신의 죽음을 통해서도 누릴 수 있는 것임을 배울 수 있기 때문입니다. 당신이 삶을 어떻게 살았든 만일 그리스도 안에서 죽지 않는다면 당신의 행복에는 엄청난 문제가 발생합니다. 그것은 바로 그것으로 인해서 당신의 삶과 죽음이 축복이 아닌 저주가 되기 때문입니다. 그러나 만일 이 필수 불가결한 요건을 갖추고 있다면 당신은 축복의 요건을 온전히 갖추게 되는 것입니다. 그러므로 이 단순한 말씀과 절대적으로 필요한 교리에 귀를 기울이십시오.

먼저, 죽음은 반드시 모든 사람에게 찾아옵니다. 왜냐하면 본문 말씀은 주 안에서 맞는 죽음과 주 밖에서 맞는 죽음이 있다고 분명하게 말하고 있기 때문입니다. 그리고 남자와 여자를 막론하고 모든 종류의 사람들은 이 두 가지 중에서 한 가지 종류의 죽음을 맞이하게 됩니다. 그것은 마치 그분께서 이렇게 말씀하시는 것과 같습니다. "너는 진정 행복한 사람이 어떤 사람인지 알고 싶으냐? 그것은 죽는 모든 사람이 아니라 오직 주 안에서 죽는 자만이 행복한 자이다." 당신은 죽음이 어떤 것인지 알고 있습니다. 따라서 제가 그것을 설명할 필요는 없을 것입니다. 또한 당신 자신도 모든 사람이 죽어야 한다는 것은 입증할 필요도 없는 분명한 사실이라는 데 이의가 없을 것입니다. 그러나 히브리서 9장 27절에는 "한 번 죽는 것은 사람에게 정하신 것이요 그 후에는 심판이 있으리니", 그리고 로마서 5장 12, 14절에는 "이러므로 한 사람으로 말미암아 죄가 세상에 들어오고 죄로 말미암아 사망이 왔나니 이와 같이 모든 사람이 죄를 지었으므로 사망이 모든 사람에게 이르렀느니라 …… 그러나 아담으로부터 모세까지 아담의 범죄와 같은 죄를 짓지 아니한 자들 위에도 사망이 왕 노릇하였나니 아담은 오실 자의 표상이라"라고 되어 있습니다. 사망이 모든 사람에게 이르렀으며 모든 사람을 다스리고 왕 노릇하고 있다고 말하고 있습니다. 사망은 그 원인이 분명한데 그것은 바로 죄이며 사망은 죄에 대한 하나님의 저주라고 말하고 있습니다. 또한 사망은 죄의 삯이며 죄가 원인인 곳에서 그 결과는 반드시 사망일 수밖에 없습니다. 그것은 거의 육천 년의 경험을 통해서 입증된 사실입니다.

저는 에녹이나 엘리야와 같은 특별한 예에 대해서 말하는 것이 아닙니다. 그들은 특별하고 독특하게 하나님의 주권적인 능력에 의해서 사망에서 건짐을 받은 자들입니다. 또한 저는 주님께서 그들에게 죽음 대신 행하신 일에 대해서도 말하지 않을 것이며 불멸의 영생을 유지할 능력 안에 그들을 옮겨 놓으신 일도 말하지 않을 것입니다. 우리가 여기서 살펴볼 것은 바로 하나님께서 사람들을 다루시는 보편적인 방법에 관한 것입니다. 그들이 멸할 수밖에 없는 육신의 옷을 벗고 불멸의 새 몸을 입는다는 것만으로도 우리가 여기에서 다루기에는 충분합니다. 비록 우리가 그 방식과 방법에 대해서는 전혀 알 수 없다고 해도 말입니다. 단지 인류라는 존재를 보기만 해도 가장 오랜 세월을 살았던 사람들도 결국에는 죽었다는 것을 깨닫게 될 것입니다. 아담, 에노스, 가인, 마할랄렐, 야렛, 므두셀라가 그러했습니다. 므두셀라는 구백육십구 세를 향수했지만 결국 죽고 말았습니다. "생기를 주장하여 생기로 머무르게 할 사람도 없고 죽는 날을 주장할 자도 없고 전쟁할 때에 모면할 자도 없으며 악이 행악자를 건져 낼 수도 없느니라"(전 8:8)라는 말씀이 있습니다. 자신의 영혼을 육신 안에 머무르게 할 수 있는 능력을 가진 사람은 단 한 사람도 없습니다. 또한 전쟁으로부터 면제를 받아서 벗어날 수 있는 사람도, 죽음을 벗어날 수 있는 길도 없습니다. 죽음을 자신과는 거리가 먼 전설처럼 여기는 가장 패역한 사람도 결국 그것으로부터 벗어날 수는 없습니다. 그런 사람조차도 죽음을 당연한 것으로 받아들이고 모든 세대가 죽음이 부인할 수 없는 사실임을 입증하는 것을 보면서 더는 그것을 증명할 필요를 느끼지 않습니다. 다만 저는 그 진리를 사용할 뿐입니다.

【사용 1】 이 말씀은 우리 마음속에 이 진리에 대한 강하고 분명한 인상을 새기는 데 유용하게 사용됩니다. 그리고 우리의 삶을 훈계하는 데에는 더욱 유용하게 사용됩니다. 대부분의 사람들은 보편적인 진리를 당연하게 여깁니다. 그러나 그 진리를 아무리 적합하게 활용하고 적용한다고 해도 우리는 삶 속에서 마치 그것이 진리가 아닌 것처럼 살아가고 있습니다. 우리는 질병, 나약함, 두려움에 대해서는 죽은 자처럼 살아갑니다. 그러나 다가올 세상에 대해서는 마치 영원히 살 것처럼 살아가고 있는 것입니다.

그러므로 온전하고 냉정한 슬픔 속에서 당신에게 한 가지 질문을 하겠습니다. 당신은 죽음에 대해서 얼마나 자주 진지하게 생각해 보았습니까? 당신은 언제 그것에 대해서 충실하게 생각해 보았습니까? 언제 당신은 죽음의 순간에 어떤 마음이 될지 알아보기 위해서 자신의 마음속을 들여다보았습니까? 당신은 죽음이 당신과 세상의 모든 것을 마지막으로 갈라놓을 것을 생각하기 위해서 잠시나마 그것들로부터 떠나 본 적이 있었습니까?

당신이 진실로 죽음과 죽어야 할 운명에 대해서 마음속 깊이 생각해 보지 않았다는 것을 입증하는 다음의 증거들을 보십시오.

첫째, 우리는 대부분 어리석은 안전 불감증 하에서 살고 있습니다. 우리의 이 엄청난 방심은 우리가 진정으로 죽음을 생각하고 있지 않다는 것을 여실히 보여 주고 있는 것입니다. 만일 죽음에 대해서 진지하게 생각해 보았다면 우리는 하나님을 만나는 것에 대해서 그렇게 무심하지 못했을 것입니다. 또한 불멸의 영혼이 어떻게 될지에 대해서도 그렇게 아무 두려움 없이, 마치 영원한 생명이 없는 것처럼 살지도 못했을 것입니다. 만일 그것에 대해서 진지하게 생각해 보았다면 우리는 먹고 마시지만 결코 단 한 번도 자신의 삶의 형태를 바꿔 보려고 하지 않았던 옛 사람들과는 분명 달랐을 것입니다. 아! 그것이 오늘날 대부분의 사람들이 처해 있는 현실이 아닙니까? 죽음은 깨닫지 못하는 사이에 우리 머리 위에 내려앉습니다. 창공을 맴돌다가 사람들의 머리 위로 날아 앉는 송골매처럼 말입니다. 그러나 이 보편적인 진리는 실제로는 현실로 잘 다가오지 않습니다. 죽음에 대한 진지한 성찰과 실제적인 믿음이 있었다면 그렇게 무의미한 안전 불감증은 존재할 수 없었을 것입니다.

둘째, 이 세상에 대한 끝없는 욕구와 이 세상 것들에 대한 지칠 줄 모르는 탐욕과 갈망이 이 진리를 분명하고 확실하게 입증해 주고 있습니다. 죽음에 대한 진지한 성찰은 이런 것들로부터 그를 멀어지게 만들 것입니다. 사람들은 마치 영원히 이 세상에서 살 것처럼 지금 이 순간 이 땅 위에서 누릴 수 있는 행복을 추구합니다. "또 내가 내 영혼에게 이르되 영혼아 여러 해 쓸 물건을 많이 쌓아 두었으니 평안히 쉬고 먹고 마시고 즐거워하자 하리라 하되"(눅 12:19)라고 자신의 영혼에게 잔인하게 말했던, 복음에 대해서는 가난했던 부자처럼 말입니다. 만일 사람들이 죽음을 진지하게 찾아보았다면 분명 그들은 이 세상의 헛된 것들을 가지고 그렇게 호기를 부리지는 못할 것입니다. 불멸의 영혼이 가진 엄청난 식욕을 만족시키려는 이 거대하고 균형 잡히지 못한 목적들은 본질상 이런 것들이 채울 수 없는, 보다 높고 탁월한 본질을 지닌 행복을 갈구하게 만들 뿐입니다. 그렇다면 당신이 이토록 중요한 문제를 전혀 믿지 않는 무신론자라는 명백한 증거를 들어 보십시오. 그리고 죽음에 대한 생각을 함으로 이 세상에 대한 열정적이고 과도한 추구에 경계선을 긋고 절제하도록 만드십시오.

셋째, 사람들의 가장 크고 용서받을 수 없는 교만이 바로 이에 대한 증거입니다. 만일 당신이 죽음에 대해서 진지하게 마음을 열어 보았다면, 죽음이 당신의 문 앞 가까이 와 있다는 것을 믿는다면, 그리고 당신의 마지막 숨이 바로 코끝에 머물러 있다는 것을 믿는다면 당신은 겸손히 하나님과 동행하고 그분과 대화를 나누는 일을 더는 미루지 못할 것입니다.

넷째, 죽음에 대해서, 그리고 다가올 영원한 세상에 대해서 당신은 아무런 준비가 되어 있지 않습니다. 마치 그런 것이 없기라도 한 것처럼 말입니다. 그것이야말로 당신이 죽음을 진지하게 마음속에 담아 두지 않았다는 확실하고도 부인할 수 없는 증거입니다. 만일 죽음에 대해서 진지하게 생각해 보았다면 당신은 천국에 보물을 더 많이 쌓아 두기 위해서, 그리고 그곳에서의 삶에 합당한 사람이 될 뿐만 아니라 위에 있는 것들을 향해 당신의 닻을 장막 안에 던져 넣기 위해서 더욱 열심을 다했을 것입니다.

【사용 2】 당신에게 간곡히 권고합니다. 부디 앞서 언급했던 어리석은 방심과는 대조적으로 죽음에 대해서 더욱 진지하게 생각해 보십시오. 그리고 그것에 대해서 스스로를 준비시키는 일에 더욱 열심을 기울이십시오. 영원함은 말 그대로 영원한 시간입니다. 그것은 광대하고 도저히 측량할 수도,

이해할 수도 없는 긴 시간입니다. 천국과 지옥은 말할 수 없이 엄청난 순간과 그것의 연속입니다. 집주인은 일어나서 문을 한 번 닫은 후에는 다시는 그 문을 열어 주지 않을 것입니다(눅 13:25). 지금은 우리에게 여름의 때이니 바로 지금 기나긴 겨울을 대비해야 합니다. 가장 중요한 일을 뒤로 미루고 병이 들어 죽게 되었을 때에야 비로소 자신이 거할 영원한 세상에 대해서 생각하는 자는 불의하고 어리석은 청지기입니다. 당신은 자신이 질병으로부터 얼마나 자유로울 수 있을지 알지 못합니다. 또 어느 순간 갑자기 자신이 이 세상에서 사라지게 될지 알지 못합니다. 이것을 믿으십시오. 잘 죽는 것, 행복으로 들어가는 문으로서 죽음을 맞이하는 것은 모두에게 있을 수 있는 일반적인 일이 아닙니다.

그러니 진지하게, 그러나 지금 당장 죽음에 대해서 마음을 기울이십시오. 게으른 자처럼 "좀더 자자, 좀더 졸자, 손을 모으고 좀더 눕자"(잠 24:33)라고 말하지 않도록 말입니다. 다음의 말씀을 생각해 보십시오.

1. 사람에게 있어서 잘 죽는 것은 결코 작은 소망이 아닙니다. 발람은 의로운 죽음을 맞으려는 강렬한 소망을 가진 사람이었습니다. 그러나 그는 결국 그 소망과는 아주 거리가 먼 최후를 맞고 말았습니다. 결코 하루하루를 게으름 속에서

보내거나 시간을 무익하게 흘려보내지 마십시오. 죽음은 시시각각 우리에게 다가오고 있기 때문입니다. 그리고 그것이 찾아오기 전에 준비할 시간을 갖도록 우리를 기다려 주지 않기 때문입니다. 그러니 깨어서 기도하는 모습으로 발견될 수 있기를 구하십시오. 누가복음 12장 36절에 나와 있는 종처럼 주인이 돌아왔을 때 곧 (혹은 문을 두드리자마자) 열어 주려고 기다리는 좋은 복 있는 자이기 때문입니다. 이 얼마나 강력한 말씀인지요!

2. 죽음을 앞둔 사람들 중에 전혀 준비가 되어 있지 않은 사람들이 얼마나 많은지 한번 생각해 보십시오. 또 죽음을 앞둔 사람들 중에 얼마나 많은 이들이 자유와 축복을 얻는 일에 준비하고 있지 않은지 한번 생각해 보십시오. 저는 어느 누구도 절망에 빠지지 않게 하기 위해서 십자가상의 강도가 자비를 발견한 것을 인정합니다. 그러나 모든 사람이 스스로를 제대로 파악하고 경계심을 갖게 하기 위해서 그와는 비교할 수도 없이 많은 사람들이 지옥으로 가게 될 것입니다. 물론 그들은 천국으로 들어가는 길을 찾으려고 할 것입니다. 그러나 그들은 결코 그 길을 발견할 수 없을 것입니다. 불신자들과 무신론자들은 기회가 주어졌을 때 천국으로 들어가는 길을 구하는 것을 시작하지 않았기 때문에 죽음을 앞

둔 비통함과 통곡만이 남을 뿐입니다. 우리가 단지 많은 사람들이 지옥에서 하는 언어를 들을 수만 있다면 그들이 얼마나 여기에서 말하고 있는 핵심을 말하고 있는지를 알게 될 텐데 말입니다. 시간을 허비하고 할 일을 뒤로 미루지 않도록 주의하십시오! 만일 지옥에 있는 많은 사람들에게 말할 수 있는 기회를 준다면 그들은 즉시 이렇게 말할 것입니다. "오, 그것은 우리의 파멸이었습니다. 우리에게 한 번만 다시 기회를 주십시오!" 그러나 하나님의 말씀이 우리에게 아무런 영향도 끼칠 수 없고 그것을 진지하게 생각하도록 우리를 이끌지도 못한다면 비록 죽었다 살아난 사람이 우리 앞에서 설교를 한다고 할지라도 그것은 당신에게 아무 유익도 주지 못할 것입니다.

3. 죽음에 대해서 더 오래 생각하면 생각할수록 그 순간이 다가왔을 때 당신이 당하게 될 비참함은 그만큼 더 줄어들게 될 것입니다. 죽음에 대해서 미리 진지하고 합당하게 묵상하는 일은 죽음의 공포를 경감시키는 데 많은 역할을 할 것입니다. 그러나 죽음이 갑자기, 그리고 난폭하게 당신에게 임했을 때 자신이 세상에 깊이 뿌리박고 있는 것을 발견하게 된다면 그때 죽음은 진정 두려움의 왕처럼 임하게 될 것입니다. 반면 당신이 매일 죽음에 한 발, 한 발 가까이 다가가고

있다면, 그리고 죽음과 대화를 나눔으로써 미리 그것이 마치 죽음이 아닌 것처럼 경험을 해 봤다면 죽음이 실제로 찾아왔을 때 훨씬 더 편안하고 쉽게 맞을 수 있을 것입니다. 특별히 당신 자신의 탐욕과 우상에 대해서 죽고 세상과 그 안에 있는 것들을 극복했다면 죽음이 실제로 찾아왔을 때 그것은 전혀 당신의 마음을 흔들지 못할 것입니다. 왜냐하면 죽음은 당신의 마음을 이런 것들로부터 분리시키는 것이기 때문입니다. 죽음을 그토록 비참하고 두렵게 만드는 것은 그것이 당신과 흥정을 하거나 거래를 하려 하지 않기 때문입니다. 오히려 그것은 어느 날 갑자기 냉혹하게 당신을 그것들로부터 떼어 놓을 것입니다.

4. 당신이 자신의 영원한 상태에 대해서 생각하는 일과 죽음을 진지하게 생각하는 일을 미루면 미룰수록 정작 죽음이 찾아왔을 때 당신은 더 많을 것을 해야 할 것입니다. 죽는 일이란 죽음을 계속해서 생각해 온 사람들에게조차도 얼마나 해야 할 일들이 많은지 모릅니다. 어떻게 하면 그리스도에 대한 올바른 믿음을 얻을 수 있는지, 어떻게 하면 구원의 영원한 언약서 위에 자신의 이름을 올려놓을 수 있는지, 어떻게 하면 인내하는 차분함과 평안함 속에서 죽음과 함께 찾아오는 두려움을 맞이할 수 있는지, 어떻게 하면 세상으로부터

떨어져서 천국에 대한 소망을 소유할 수 있는지를 생각해야 합니다. 당신이 그것을 오래 미루면 미룰수록 더 많은 일을 해야 할 것이 분명합니다. 그리고 그 일을 할 수 있는 가능성도 점점 더 줄어들게 될 것입니다. 사람들은 자신에게 가장 중요하고 가장 필요한 일을 가장 마지막 순간까지, 가장 연약하고 가장 적합하지 않은 순간까지 미루는 것을 지혜라고 생각하기도 합니다. 그러나 그것은 복음을 듣는 수많은 사람들이 빠지는 통탄할 만하며 어리석고 쓸모없고 비참하며 영혼을 파멸시키는 습관입니다. 그렇다면 더 무엇을 거래하고 흥정하겠습니까? 더 무엇이 남아 있습니까? 그것은 일만 년이나 이만 년 동안의 행복이나 비참함의 문제가 아닙니다. 그것은 우리가 도저히 상상할 수 없는 어마어마한 정도의 영원한 행복과 비참함의 문제인 것입니다. 그런데도 여전히 그렇게 중대한 일이 계속해서 미루어져야 하겠습니까? 이것이야말로 분문 말씀이 주 안에서 죽는 것을 그토록 강조하는 이유인 것입니다.

  이제 주 안에서 죽는다는 것이 어떤 것인지에 대해서 한 가지를 말하려고 합니다. 주 안에서 죽는다는 것은 바른 근거에 바탕을 둔 확신을 품고 죽음을 맞이하며 보장된 축복에 대한 기대감을 품은 이들에게 있어서 중대하고도 필요한 요건으로서 제시되고 있습니다. 그것을 설명하는 데 매우 설득력이 있는 다음의 세 가지 성경 구절을 보겠습니다.

1. 그것은 그리스도 안에 거하는 것을 뜻합니다. 고린도후서 5장 17절에 나와 있듯이 "누구든지 그리스도 안에 있으면 새로운 피조물"이기 때문입니다. 이 말씀은 믿음을 통한 우리와 그분과의 연합을 나타내고 있습니다. 그리스도께서 그분의 두 팔을 펼치시고 자기에게 나아오는 영혼을 받아들이실 때 그 영혼은 그분과 가까워지고 완전하게 결합하게 됩니다. 이것은 축복의 첫 단계이자 바탕이 됩니다. 그리고 그것은 그 안에 새로운 성품과 새로운 생명을 잉태하게 합니다.

2. 두 번째 단계는 갈라디아서 2장 20절에서 찾아볼 수 있습니다. "그런즉 이제는 내가 산 것이 아니요 오직 내 안에 그리스도께서 사신 것이라 이제 내가 육체 가운데 사는 것은 나를 사랑하사 나를 위하여 자기 몸을 버리신 하나님의 아들을 믿는 믿음 안에서 사는 것이라." 이것은 한 단계 더 나아간 것입니다. 그것은 인간이 믿음으로 말미암아 그리스도께로 나아가 그분의 이름과 권위를 사용하고 그분과 관계를 맺음으로써 생명의 행위를 수행하는 데까지 나아가는 것입니다. 그리스도 안에서 사는 것, 혹은 그리스도를 믿는 믿음으로 사는 것은 성령의 열매를 낳는 생명의 행위 속에서 새로

운 성품과 생명을 표현하고 선포하는 것입니다. 그것은 또한 그를 진정한 그리스도인으로 만듭니다. 종교적인 의무감 때문에 그 일을 하는 것이 아니라 그리스도에 대한 사랑 때문에 자신의 온 마음을 다하여 충성을 바치는 것이며 그렇게 함으로써 더욱더 그리스도인다운 삶을 살아가게 되는 것입니다. 우리 자신에게가 아니라 그리스도께 더욱 초점이 맞추어진 삶을 살게 되는 것입니다.

3. 본문에는 앞에서 언급한 주 안에 거하는 삶을 뒤따라오는 주 안에서 맞는 죽음이 있습니다. 그분 안에서 사는 것은 축복으로 가는 길입니다. 그리고 그분 안에서 죽는 것은 사람이 축복이라고 고백한 곳으로 들어가는 문입니다. 주 안에서 죽는 것은 물론 앞에서 언급한 주 안에 거하는 삶을 전제로 하고 있습니다. 그러나 그것에서 그치지 않고 그보다 더한 것을 내포하고 있습니다. 즉 그분 안에서 삶을 살기 위한 믿음의 행위처럼, 그분 안에서 죽는 것을 위한 믿음의 행위가 바로 그것입니다.

피난처를 찾아 새로이 다시 그리스도께로 나아가는 것은 빌립보서 3장 9절에 잘 나타나 있습니다. 그 말씀은 그분 안에서 발견되기를 간구하며 우리 자신에게서 벗어나 우리의 배가 되시어 죽음을 지나 생명으로 항해해 나가게 해 주시는 그분 앞에 나아가는 것에 대해 말하고 있습니다. 또한 우리 자신의 의를 부인하고 그분의 의에 의지할 뿐만 아니라 우리의 믿음의 행위 자체까지도 부인하고 있습니다.

이 말씀은 죽음을 지나서 우리를 데리고 가주실 그리스도께 모든 신뢰를 드리는 것에 대해 말하고 있습니다. 그분을 묵묵히 따르고 모든 것을 의지하며 그분과 완전히 밀착되는 것에 대해서, 그리고 그분의 손 안에서 죽음을 지나 떠나는 모험을 감행하는 것에 대해서 온전히 만족하고 그리스도로부터 말씀을 받아 그 말씀을 끝까지 견고하게 붙잡는 것에 대해 말하고 있습니다. 백발의 시므온처럼 우리는 이렇게 말할 수 있습니다. "주재여 이제는 말씀하신 대로 종을 평안히 놓아 주시는도다(눅 2:29). 저는 당신께서 부르실 때 그리스도라는 배에 올라 항해하는 것에, 그리고 그 배 안에서 죽음의 협곡을 통과하여 항해하는 것에 지극히 만족합니다."

이 말씀은 우리의 겸손한 침묵과 이 근거에 대한 우리의 완전한 만족에 대해서 말하고 있습니다. 모든 것을 만족시키는 분으로서 그분 안에서 즐거워할 뿐만 아니라 그분께 의지하는 것 속에서 우리의 위로를 발견하고 우리 자신을 그 안에서 복된 자로 여기는 것에 대해서 말하고 있는 것입니다. 우리는 이것이 다윗의 마지막 시에서 선포되고 있음을 발견하게 됩니다. 그가 죽기 직전에 지은 아름다운 시에서 그는 다음과 같이 노래하고 있습니다. "내 집이 하나님 앞에 이 같지 아니하냐 하나님이 나로 더불어 영원한 언약을 세우사"(삼하 23:5).

다윗은 자기의 생명을 위해서 언약에 선포되어 있는 은혜 앞으로 나아갑니다. 그리고 그것은 바로 그리스도 안에 있는 하나님의 은혜입니다.

다윗은 이 언약에 자신을 맡기며 그 안에서 참된 만족을 발견하고 그것을 만사에 구비하고 견고케 하신 언약이라고 부르며 앞으로 나아갑니다. 그것은 결코 물샐 틈이 없는 견고한 배입니다. 그것은 마치 그가 "나는 그 안에서 안전하게, 아무 두려움 없이 죽음을 통과해서 항해할 것이다."라고 말하는 것과도 같습니다.

다윗은 그 안에서 기뻐하며 만족해 합니다. 그는 그것에 잠잠히 순종합니다. "이것은 나의 모든 구원이며 나의 모든 소망입니다. 그것은 내 마음이 소망하는 전부이며 내 마음의 소원 중의 소원입니다. 나는 그것 외에는 아무것도 필요하지 않고 더는 아무것도 갈망하지 않습니다."

주 안에서 죽는다는 것에 대해서 말하면서, 다음의 세 단계를 함께 고려할 수 있기를 바랍니다. 첫째, 그분 안에 있기를 열심을 다하여 구하십시오. 그분 안에 거하지 않고는 그분 안에서 죽음을 맞기를 기대할 수 없기 때문입니다. 그분 안에서 죽음을 맞이함으로써 복을 누리고자 하는 자는 누구든지 모든 수단을 써서 복음의 제안을 받아들여야 합니다. 피난처가 되시는 그리스도께로 피하십시오. 믿음을 통해서 그분과 가까운 친밀감을 누려 보십시오. 그리고 자신이 그분 안에 있다는 것을 의심할 수 없이 확실한 것으로 만들려고 노력하십시오. 그분께 구원할 영혼을 드렸다는 것을 확인하고 우리의 구주이신 그분께 잠잠히 순종하십시오.

둘째, 그분에 대한 믿음으로 사십시오. 그분 안에서 삶을 살려고 단 한 번도 진지하게 추구해 보지 않은 사람은 결코 그리스도 안에서 죽을 것을 기대할 수 없습니다. 여전히 자신들의 본성적인 상태에 머물러 살고 있는 잔인하고 거친 사람들과는 다른 종류의 삶을 삶으로써 자신이 그분 안에서 살고 있다는 것을 분명하게 하십시오. 하나님께서는 그분 안에서 단 한 번도 삶을 살아 보지 못했던 십자가 위의 강도를 부르셔서 그를 그리스도 안에서 죽게 하실 수 있는 분입니다. 그러나 우리 중 어느 누구도 그분께서 우리도 그와 동일하게 대해 주실 것이라고 편안하게 기대할 수는 없습니다. 그리고 어떤 한 사람이, 혹은 백 명의 사람들이 그런 특별한 부르심을 받았다고 한다면 그런 특별한 부르심이 없이 죽어가는 사람들은 수백, 수천, 아니 수만 명도 더 된다는 것을 기억하십시오.

한 가지만 더 말하자면, 만약 하나님께서 죽음 앞에서 어리석은 자들을 치시는 분이라면 분명 지금 이 순간에도 수많은 어리석은 자들을 치고 계실 것입니다. 당신은 평생 동안 경건의 삶을 진지하게 살아 온 사람들을 비웃고 조롱한 어리석은 사람들을 하나님께서 치고 계시다는 것을 알고 있을 것입니다. 그러므로 당신이 그리스도 안에 있다는 것을 확실하게 하십시오. 그분 안에서, 그리고 그분께 의지하는 삶을 삶으로써 자신이 그분 안에 있다는 증거를 확실하게 구하십시오. 하나님께서는 우리 모두가 그것에 대해서 진지하게 생각하기를 원하십니다. 심판을 받아서 병에 걸리고 죽음에 이르는 것은 이제 더 자주 일어날 수 없을 만큼 빈번하게 일어나고 있습니다. 우리에게 아직 시간이 남아 있다면, 사람들이 믿도록 부르심을 받고 그 교리에 마음을 둘 수 있는 때가 있다면 지금이 바로 그때입니다. 아마 며칠이 지나지 않아서 그 진리를 경험하게 될 사람들도 있을 것입니다. 그들이 누가 될지 누가 알겠습니까? 진정한 행복을 기대한다면 그분 안에서 죽는 법을 배우십시오. 그리고 그리스도 안에서 죽기를 원한다면 그분 안에서 사는 법을 배우십시오. 주님께서 요한에게 이 말씀을 기록하라고 명령하고 계시듯이 저 또한 당신에게 강력하게 권고합니다. 이 말씀을 읽고 자주 그것을 묵상하십시오. "또 내가 들으니 하늘에서 음성이 나서 가로되 기록하라 지금 이후로 주 안에서 죽는 자들은 복이 있도다 하시매 성령이 가라사대 그러하다 저희 수고를 그치고 쉬리니 이는 저희의 행한 일이 따름이라 하시더라."

2
진정한 축복으로 가는 길

"주 안에서 죽는 자들은 복이 있도다"(계 14:13).

모든 사람에게 공통된 것이 있다면 그것이야말로 행복 혹은 축복에 대한 본능적인 욕구와 갈망일 것입니다. 그러나 대부분의 사람들이 철저하게 오류를 범하는 두 가지가 있습니다. 그 중 한 가지는 결코 찾을 수 없는 곳에서 축복을 추구하고 축복이 아닌 것을 축복이라고 여기는 것입니다. 그런 것들은 오직 그들을 영원토록 비참하게 만들 뿐인데도 말입니다. 다른 한 가지는 비록 그들이 행복이라는 것의 옷자락을 조금이나마 붙잡고 그것을 소유하고 있다고 할지라도 그것을 얻는 방법에 있어서 대단히 큰 오류를 범한다는 것입니다. 본문 말씀은 진정한 축복에 대한 주목할 만한 정의와 그것을 얻을 수 있는 방법을 향한 선명한 길을 담고 있습니다. 이 말씀을 통해서 우리는 진정한 축복이 어디에 있는지를 분명하게 발견할 수 있을 것입니다. 눈멀고 편견에 사로잡힌 세상이 그것을 무엇이라고 생각하든 관계없이 "주 안에서 죽는 자들은 복이 있습니다." 그것은 주 안에서 죽는 자들만이 누리는 진정한 축복이며 그분 안에서 삶을 살고 죽음을 맞이하는 자들이 누리는 축복입니다. 이것은 가장 중요한 주제이며 그 어느 때보다도 우리 시대에 더욱 필요하고 적합한 주제입니다.

우리가 지금 살펴보려는 교리가 바로 이 본문 속에 선명하게 제시되어 있습니다. 오직 주 그리스도 안에서 죽는 자들만이, 그리고 그분 안에서 죽음을 맞이할 자들만이 복된 자들이고 행복한 자들입니다. 하늘로부터 들려 온 음성이 그것을 요한에게 다시 한 번 확인시켜 줍니다. 그리고 그리스도의 영이자, 진리의 영이신 성령께서 그것을 확증하는 표를 덧붙여 주십니다.

계속 더 나가기 전에 잠시 이 말씀 안에 있는 이 교리들을 분명히 하기 위해서 간단히 몇 가지를 살펴보겠습니다.

1. 여기에서 말하는 축복은 무엇입니까? 여기에서는 유일

하게 진정한 축복에 대해서 말하고 있습니다. 그것만이 온 세상에서 진정한 행복의 조건으로 여겨질 만한 것이라고 말하고 있는 것입니다. 그것만이 온전하고 충만하게 복을 받는 것입니다.

2. 복은 받는 자들이라고 선포되는 이 사람들의 요건은 무엇입니까? 그들은 단지 죽었다고 해서 그 조건을 완전하게 구비하는 것이 아닙니다. 오직 주 안에서 죽는 자들만이 복을 받은 자들입니다. 앞에서 말했던 것 외에 이것을 더 분명히 하기 위해서 한 가지를 덧붙이고자 합니다. 성경 속에는 두 가지 종류의 죽음이 있다고 말합니다. 먼저, 죄 가운데서 죽는 죽음이 있습니다. 그리스도께서 유대인들에게 "너희가 만일 내가 그인 줄 믿지 아니하면 너희 죄 가운데서 죽으리라"(요 8:24)라고 말씀하셨습니다. 그리고 그것은 두 가지 의미를 함축하고 있습니다. 첫째, 당신이 스스로의 죄의식 아래에서, 그리고 하나님의 저주와 진노 아래에서 죽을 것이라는 것입니다. 그리고 그것은 당신이 죽기 전에, 죽음의 순간에, 그리고 죽은 후에 당연히 받을 수밖에 없는 마땅한 결과입니다. 둘째, 당신이 죄에 대한 회개와는 정반대의 상황, 즉 죄악에 빠진 상태에서 죽게 될 것이라는 것입니다. 당신은 스스로의 죄악 속에 빠진 채로 제거될 것이며 죄악의 상태

속에서 이 세상을 떠나게 될 것입니다. 이 얼마나 슬프고 비통한 이별입니까!

두 번째로 주 안에서 죽는 죽음이 있습니다. 그것은 죄 가운데서 죽는 것과는 정반대의 죽음입니다. 이 또한 두 가지를 내포하고 있는 데 그 중 한 가지는 자신의 죄에 대한 죄의식을 가진 사람들이 그리스도 앞에 나아가 그분을 믿음으로 말미암아 죄의식으로부터 자유를 얻는다는 것입니다. 그들은 그분의 의로 혹은 그분의 의에 합당한 권리와 권한으로 옷 입습니다. 둘째는 그리스도에 대한 산 믿음으로 말미암아 죄의 고리를 끊고 새로운 성품과 생명의 열매를 낳는다는 것입니다. 그리스도께서는 우리의 진정한 포도나무가 되십니다. "나는 포도나무요 너희는 가지니 저가 내 안에, 내가 저 안에 있으면 이 사람은 과실을 많이 맺나니"(요 15:5), "너희가 과실을 많이 맺으면 내 아버지께서 영광을 받으실 것이요 너희가 내 제자가 되리라"(요 15:8).

그들이 믿음으로 말미암아 그분과 연합을 이루었듯이 성령의 열매 안에서도 그분과 연합을 이룹니다. 오직 이런 자들만이 복을 받은 자들입니다. 그리고 이 축복은 오직 그들에게만 주어지는 것으로 다른 이들은 그 복으로부터 철저히 배제됩니다.

그 교리를 살펴보기 위해서 먼저 이 진리를 분명히 하겠습니다. 첫째, 주 안에서 죽는 자들, 혹은 주 안에서 죽음을 맞이하게 될 자들은 복 있는 자들입니다. 측량할 수 없는 복을 받았을 뿐만 아니라 유일하게 진정한 복을 받은 자들인 것입니다. 둘째, 이 축복이 그들에게만 특별하게 주어진 것이며 다른 이들에게는 허락되지 않은 것임을 입증할 증거를 제시하겠습니다. 셋째, 그것을 적용하고 더 깊은 통찰을 얻기 위해서 몇 가지를 말하겠습니다.

주 안에서 죽는 자들, 혹은 장차 죽음을 맞게 될 자들은 복 있는 자들입니다. 우리가 할 일은 단지 그들의 축복을 묘사하는 것밖에 없습니다. 그리고 우리는 그 축복이 그리스도 안에서 죽는 자들과 죽음을 맞이하게 될 자들이 누리게 될 것을 정확하게 묘사하고 있다는 것을 발견하게 될 것입니다. 이것은 단지 꾸며낸 이야기나 허황된 공상이 아니며, 오히려 엄연한 현실입니다. 우리가 알고 있는 사람들 중에 이미 주 안에서 죽은 자들이 지금 이 순간도 누리고 있을, 그리고 다른 사람들이 머지않아 누리게 될 실제 상황으로 받아들이십시오. 그리고 그분에 대한 믿음으로 말미암아 우리 모두가 누리게 될 상황으로 여기십시오. 진정한 축복에 필수적일 뿐만 아니라 그것을 구성하고 있는 두 가지 요소가 있습니다.

그 첫 번째는 모든 악으로부터의 절대적인 자유입니다. 문제를 일으키는 모든 것으로부터, 혹은 문제를 일으킬 수 있는 모든 것으로부터, 그리고 어떠한 죄악이나 결점, 결핍으로부터의 절대적인 자유입니다. 축복은 그런 것들과는 결코 함께 할 수 없기 때문입니다. 두 번째는 온전한 축복에 필요한 모든 선하고 좋은 것들이 동시에 일어나는 것입니다. 그 두 가지 모두 주 안에서 죽는 모든 자들이 누리는, 아니 오직 그들만이 누릴 수 있는 것들입니다.

주 안에서 죽는 자들은 모든 악행으로부터 완전하게 자유롭습니다. 그것은 일반적이고 광범위한 관점에서나 특별하고 구체적인 관점 모두에서 사실입니다. 그들은 악한 시대가 낳은 모든 악한 행위로부터 자유롭습니다. 축복에 대한 이런 특별하고 구체적인 묵상 속으로 들어가기란 그리 쉽지 않습니다. 그래서 현재 시점에서 그것을 더욱 선명하게 보기 위해서 몇 가지 일반적인 항목들을 살펴보기로 하겠습니다.

그들은 모든 죄로부터 자유롭습니다. 그것은 곧 모든 악한 행위의 근원이 되는 죄로부터의 자유를 의미합니다. 의로운 자들의 심령이 온전해집니다. 부패한 어떤 혈과 육도 의로운 보좌 앞에 나올 수 없습니다. 그곳에는 율법에 대한 어떤 반역도 허용되지 않습니다. 살아 계신 하나님으로부터 뒷걸음

질쳐야 하는 어떤 불신의 악한 마음도 보좌 앞에 나아오는 것이 허용되지 않습니다. 거룩한 의무에 대한 아무런 불평이나 한 순간의 요동도 없이 오직 밤낮으로 즐거이 하나님만을 섬길 뿐입니다. 그런 삶에는 밤과 낮이 없고 오로지 눈부시게 환한 낮만이 이어지기 때문입니다.

그때 그분의 백성들이 그분께 너무나도 빈번히 드리던 간구가 ("나라이 임하옵시며 뜻이 하늘에서 이룬 것같이 땅에서도 이루어지이다[마 6:10]") 성취될 것이며 그분의 뜻이 가장 온전하게 이루어질 것입니다. 그분의 백성들은 이 땅 위에서 결코 경험해 본 적이 없었던 아주 높고 충만한 영적 상태에서 그분을 섬길 것입니다. 그때 이토록 가볍고 부질없으며 불안전한 심령은 하나님의 전에서 요동치 않는 기둥처럼 견고하게 설 것입니다. 요동치고 소란하며 방황하고 흔들리는 마음이 그때에는 영원히 요동치 않게 될 것입니다. 그의 마음은 찬양받기에 합당하신 분을 묵상하는 일에 몰두한 나머지 단 한 순간도 그분으로부터 떨어지려고 하지 않을 것입니다. 그때에는 그곳을 벗어나려는 마음 같은 것은 전혀 파고들 틈조차 없을 것입니다. 우리 중에 이런 행복을 위해서라면, 그리고 죽을 육신과 수많은 죄악의 올무와 그것이 몰고 가는 위험한 절벽으로부터 완전하며 최종적인 구원을 얻기 위해서라면 어떤 대가라도 치르겠다고 말하지 않을 사람이 어디 있겠습니까?

또한 그들은 죄의 모든 유혹으로부터 완전히 자유롭습니다. 가장 깨끗하고 평온한 위의 세상에서는 유혹의 공기를 마실 필요가 전혀 없기 때문입니다. 그곳에서는 죄를 짓고 싶은 내적 욕망도, 외적인 죄의 유혹도 없기 때문에 결과적으로 죄를 지을 위험에 대한 모든 두려움으로부터 완전한 자유만이 있을 뿐입니다. 새 예루살렘의 문안으로는 어떤 불결한 것도 들어올 수 없습니다. 죄, 사망, 사탄은 불못에 내던져지기 때문입니다. 그곳에는 악의 표본이 없으며 서로 격려하고 힘을 주며 고무시키는 위로만이 넘칠 뿐입니다. 그것도 그럴 필요가 있다면 말입니다. 또한 이 세상에서 항상 깨어 있어야 하는 어려움으로부터 벗어날 수 있는 거룩한 자유가 있습니다. 그것은 아직 이 땅 위에 살고 있는 성도들에게는 더할 나위 없이 유용하고 필요한 의무이지만 그 안에 고통과 수고와 두려움을 수반하고 있을 수밖에 없습니다. 물론 주 안에서 죽음을 맞이하고 이미 승전가를 부르고 있는 성도들은 그것으로부터도 완벽하게 자유를 얻었습니다.

그들은 죄의 모든 도전으로부터 완전히 자유롭습니다. 그곳에서 그들은 마음을 어지럽히고 불안에 빠지게 하는 모든 요소들로부터 자유롭습니다. 하나님과 동행하는 즐거움은 즉시 그들의 마음을 잠잠케 하고 만족케 하기 때문에 어떤 것도 그들을 불안하게 하거나 요동시키지 못합니다. 그곳에서 그들은 버림 받거나 황폐하게 되지도 않을 뿐더러 그런 일이 일어날 것에 대한 두려움도 갖지 않습니다. 이곳에서 믿는 자들에게 종종 일어나는 두 가지 슬픈 일이 있습니다. 죄에 대한 그들 자신의 양심의 도전, 그리고 버림 받음으로 인해서 그들의 심령을 누르는 무게가 바로 그것입니다. 더욱이 그곳에서는 미지근하거나 생명력 없는 영적 상태 같은 것은 찾아볼 수 없습니다. 그 대신 항상 신선하고 살아 있으며 최상의 상태에 있는 영적 상태만 있을 뿐입니다. 그들은 하나님의 사랑이 자신의 가슴 깊은 곳에서 넘쳐 나오는 것을 느끼며 끊임없이 그분을 찬양합니다. 주 안에서 죽는 자들은 모든 악과 그로 인한 모든 두려움으로부터 자유로울 때 분명 가장 행복한 상태에 있습니다.

  그들은 죄의 결과로부터 자유롭습니다. 그곳에는 어떠한 저주도, 진노도, 육신의 질병도, 마음의 분노와 걱정과 근심도 없습니다. 그곳에는 진노에 대한 어떠한 두려움이나 염려도, 빈곤도, 어떤 종류의 결핍이나 부족도 없습니다. (그들이 이 세상에서 아무리 빈곤하고 힘겨운 인생을 살았다고 할지라도 말입니다.) 하나님께서 그들에게 전부가 되어 주시기 때문입니다. 그분께서는 즉시 모든 것의 자리를 채워 주십니다. 그분은 아무리 광대한 영혼의 그릇이라도 충만하게 채우실 수 있는 분입니다.

또한 그들은 이 세상에서 겪는 모든 시련으로부터 자유롭습니다. 그곳에는 어떤 제한이나 감금도, 격리나 상실도, 재산이나 지위를 잃어버릴 위험도, 평온한 자들을 불안케 하고 가족의 평온을 깨뜨리고 분열케 하는 것도 없습니다. 그곳에는 어떤 비난도, 불신과 불명예도, 수치도, 실수도, 질투나 시기도, 어떤 격리나 적의, 분열과 불화도, 잘못된 열정이나 열기도 없습니다. 대신 하나님을 찬양하는 것에 있어서 가장 소박하고 완벽한 연합과 거룩한 조화만이 있을 뿐입니다. 그곳에는 마음의 어둠도 없으며 완벽하게 빛 앞에 드러난 완전한 이해만이 있을 뿐입니다. 그곳에는 감정의 무질서도 없고 가장 정확한 질서만이 있을 뿐이며 외고집과 퇴보도 없고 대신 하나님의 뜻과 모든 것에서 온전한 일치와 순종만이 있을 뿐입니다. 인간 안에 있는 모든 것이 주인과의 거룩한 조화와 합당한 종속 관계 속에서 즐거이 협조하는 것입니다. 그곳에는 어떤 악한 소문도, 비난과 공격도 없습니다. 그곳에는 어떤 슬픈 소식도, 병에 걸렸다는 소식도 없습니다. 아니,

오히려 그곳에 그런 것이 있다는 것 자체가 불가능합니다. 하나님께서 즉시 모든 것을 질서 있고 조화롭게 다스리시기 때문입니다. 또한 그들은 그분께서 하시는 모든 것에 동의합니다. 그들은 모든 것에 찬양과 박수갈채를 보내며 흡족해하고 만족해 합니다. 그곳에는 그들의 행복을 손상시킬 만한 왕국이나 나라들의 전복도 없으며 교회의 혼란과 소외도 없습니다. 그곳에는 그들의 행복을 손상시키는 것을 전혀 찾아볼 수 없습니다. 그들은 결핍과 부족으로 인하여 (혹은 결핍에 대한 두려움으로 인하여) 마음에 괴로워할 필요가 없습니다. 그런 곳에서 그들은 영원히 지내는 것입니다. 그러나 이것은 주 안에서 죽는 자들이 누리는 행복의 작은 조각에 불과합니다. 우리가 아는 것은 그들이 누리는 행복의 얼마나 작은 부분에 지나지 않는지요!

 그들이 누리는 행복의 다른 면을 보면 (우리가 지금 보좌 앞에 있는 그들이 소유한 행복이 어떤 것인지 알 수 있고 또 믿을 수 있다면 얼마나 좋을까요!) 그 안에는 그들을 완전하게 행복하게 만드는 데 필요한 모든 선하고 좋은 것들이 동시다발적으로 일어나고 있습니다. 그리고 그곳에는 이러한 목적과 결과를 낳기 위해서 동시에 일어나는 다음의 네 가지 요소가 있어야 합니다. 그것은 주 안에서 죽는 자들이 누리게 되는 지위 안에 모두 들어 있습니다. 첫째, 하나님을 최고의 선으로서 누리는 즐거움이 있어야 합니다. 다른 것들이나 혹은 다른 사람들과는 진정한 행복을 나눌 수도 없으며 그것들은 사람을 진정으로 행복하게 만들 수도 없기 때문입니다. 둘째, 그분께 합당치 않은 부분이 조금이라도 있다면 그분과 어떤 즐거움도 나눌 수 없기 때문에 하나님과 함께하는 즐거움을 위한 합당함이 반드시 있어야 합니다. 우리가 처해 있는 현재의 모습과 신분으로는 온전하고 즉각적으로 하나님을 누릴 수도 없고 또 그렇게 해서도 안 되기 때문입니다. 셋째, 하나님과 누리는 온전한 차원의 즐거움이 있어야 합니다. 앞에서 말했듯이 주 안에서 죽는 자들의 행복이 온전한 것이 되기 위해서는 이 모든 것이 동시에 일어나야 합니다.

  1. 그들은 하나님을 최고의 선으로서 누리고 즐거워합니다. 아브라함이 있는 곳에 그들 또한 있는 것입니다. 아브라함이 그의 아버지의 나라에 있듯이 그들 또한 아버지의 나라에 거하고 있습니다. 그러므로 그들은 가장 행복한 자들입니다. 그리스도께서 제자들에게 축복의 말씀을 하시면서 다음과 같은 말씀을 하셨습니다. "또 너희에게 이르노니 동서로부터 많은 사람이 이르러 아브라함과 이삭과 야곱과 함께 천국에 앉으려니와"(마 8:11) "내가 또 너로 여기 섰는 자들 중

에 왕래케 하리라"(슥 3:7). 그들은 그분의 얼굴을 보게 될 것입니다. "마음이 청결한 자는 복이 있나니 저희가 하나님을 볼 것임이요"(마 5:8)이기 때문입니다. 그러므로 그들은 가장 행복한 자들입니다. 우리가 하나님을 즐거워하는 것에 대해서 이야기할 때 그것은 실제로 우리의 표현을 훨씬 뛰어넘는 어떤 것입니다. 기쁨의 대상이 피조물이 아닌 무한하시고 모든 것을 만족케 하시는 하나님일 때 그것은 분명 커다란 행복과 기쁨이며 생명의 원천이 되시는 하나님의 즐거움으로부터 흘러넘치는 순전하고 탁월한 하늘의 기쁨일 것입니다.

2. 그들은 온전하고 높은 차원으로 그분을 즐거워하기에 합당한 자들이 됩니다. 인간의 이해력이 하나님을 품을 수 있을 만큼 확장될 수 있다면 (물론 지금 우리가 상상하거나 그려볼 수 있는 차원의 것이 아닙니다.) 그때 그것이 그렇게 확장되고 채워질 것입니다. 또한 놀라운 삼위일체의 비밀에 대하여 비로소 분명하고 온전하게 알게 될 것입니다. 그리스도께서 자기의 제자들에게 확신시켜 주고 계시듯이 말입니다. "그날에는 내가 아버지 안에, 너희가 내 안에, 내가 너희 안에 있는 것을 너희가 알리라"(요 14:20). 그때는 하나님의 모든 사랑도 받아들일 수 있을 만큼 넓어지게 될 것입니다. 그리고 선명하게 알게 될 그분 안에 있는 기쁨으로 인해서

만족케 될 것입니다. 천사들을 만족케 하는 그 기쁨은 분명 온전케 된 의인들의 영혼 또한 만족케 할 것입니다. 그분을 눈으로 보고 즐거워하는 것만으로도 그들은 지극한 행복을 느낍니다. 그리고 성경이 말하는 가장 큰 행복은 그리스도께서 아버지로부터 받으신 영광을 바라보며 그분과 동행하는 것입니다. 만일 우리가 다윗이나 바울, 그리고 몇 년 전 혹은 몇 달 전에 축복의 안식 속으로 들어간 이들이 지금 거하고 있는 곳이 어떤 곳인지 그려볼 수만 있다면 우리는 주 안에서 죽기를 무엇보다도 갈망하게 될 것입니다. 그리고 아직 시간이 남아 있을 동안에 은혜를 통해서 그 행복을 확실한 것으로 만들기 위해서 우리의 온 힘을 기울일 것입니다.

3. 그들이 하나님을 온전히 즐거워하기에 합당한 자로 변화되듯이 그들은 실제로 온전한 차원으로 그분을 즐거워하게 될 것입니다. 그곳에는 갈망도, 결핍도 없으며 온전하고 충만한 영광과 기쁨만이 있을 뿐입니다. 어느 누구도 그 이상의 것을 상상하거나 바랄 수 없습니다. 비록 다른 차원의 영광이 있고 상급의 차이는 있겠지만 모든 이들이 하나님의 사랑과 자비하심으로, 온전하고 충만한 기쁨과 그분의 우편에 있는 즐거움으로 인해 충만하게 채워집니다. 그들은 이 즐거움을 단순히 추상적인 개념으로만 이해하는 것이 아니

라 지금의 우리로서는 이해할 수 없지만, 가장 실제적인 방법으로 경험하게 될 것입니다.

4. 하나님 안에서 누리는 이 즐거움은 영원히 지속되는 것이며 어떤 것도 방해하거나 끊을 수 없습니다. 그것은 온전하고 충만할 뿐만 아니라 영원히 지속되는 기쁨이요, 영광입니다. 그때 그들의 머리 위에는 영영한 희락을 띠고 기쁨과 즐거움을 얻으리니 슬픔과 탄식이 달아날 것입니다(사 35:10). 면류관은 영원하며 결코 사라지지 않습니다. 영원히 자라나는 생명의 면류관입니다. 그러나 우리의 언어는 그것을 온전히 표현하기에는 한없이 보잘것없고 미약하기 짝이 없습니다. 그것을 표현하는 우리의 방식 또한 주 안에서 죽는 자들의 행복과 비교하기에는 가치가 없습니다. 그들 중 어느 누구라도 자신의 상황에 대해서 우리가 표현하는 것을 듣는다면 우리가 그것을 얼마나 유치하고 초라하게 표현하는지를 들으며 놀라지 않을 수 없을 것입니다. 우리가 이 축복의 극히 일부분도 제대로 상상하고 있지 못하다는 것을 믿을 수 있게 된다면 얼마나 좋겠습니까!

다음으로, 이 축복이 오직 주 안에서 죽는 자들에게만 주어지고 다른 이들에게는 주어지지 않는 이유에 관한 것입니다.

먼저, 오직 주 그리스도 안에서 죽는 자들만이 그분이 만족시키신 것에 동참할 수 있는 자격을 얻습니다. 그러므로 오직 그들만이 그분을 믿음으로 말미암아 저주로부터 자유를 얻습니다. "저를 믿는 자는 심판을 받지 아니하는 것이요 믿지 아니하는 자는 하나님의 독생자의 이름을 믿지 아니하므로 벌써 심판을 받은 것이니라 …… 아들을 믿는 자는 영생이 있고 아들을 순종치 아니하는 자는 영생을 보지 못하고 도리어 하나님의 진노가 그 위에 머물러 있느니라"(요 3:18, 36). 오직 믿는 자들만이 그들의 빚을 탕감받았습니다. 그리고 그들을 거스리고 대적하는 의문에 쓴 증서는 모두 도말되었습니다. 그러나 믿지 않는 자들은 그 마음을 제어하는 서약을 여전히 지켜야 합니다. 그리고 면제받지 못한 빚으로 인해 그들을 재판관 앞에 서고 재판관은 그들을 옥에 가둘 것입니다. 또한 그들은 호리라도 남김 없이 다 갚기 전에는 결단코 거기서 나오지 못할 것입니다. 그러나 그들은 그 빚을 결코 갚을 수 없을 것입니다.

두 번째로, 오직 그리스도 안에 있는 자들과 그분 안에서 죽는 자들만이 양자로 택함을 받는 특권을 받았습니다. 그리고 그 결과 오직 그들만이 유일하게 천국과 영원한 생명에 대한 권리를 소유하고 있습니다. "영접하는 자 곧 그 이름을 믿는 자들에게는 하나님의 자녀가 되는 권세를 주셨으니"(요

1:12) "자녀이면 또한 후사 곧 하나님의 후사요 그리스도와 함께한 후사니 우리가 그와 함께 영광을 받기 위하여 고난도 함께 받아야 될 것이니라"(롬 8:17). 만일 우리가 아들이 아니라면 우리는 그분의 후사도 될 수 없습니다.

세 번째로, 오직 그리스도 안에서 삶을 살고 죽는 자만이 새로운 피조물입니다. "그런즉 누구든지 그리스도 안에 있으면 새로운 피조물이라 이전 것은 지나갔으니 보라 새것이 되었도다"(고후 5:17). "할례나 무할례가 아무것도 아니로되 오직 새로 지으심을 받은 자뿐이니라"(갈 6:15). "예수께서 대답하여 가라사대 진실로 진실로 네게 이르노니 사람이 거듭나지 아니하면 하나님 나라를 볼 수 없느니라"(요 3:3). 그리고 그리스도 안에 있는 자들 외에는 거듭난 자들이 없으며 우리의 거듭남과 그리스도에 대한 믿음은 불가분 함께 가는 것이므로 그분 안에서 살고 죽는 자들 외에는 어느 누구도 행복할 수 없습니다.

— 적 용 —

이제 이 교리를 사용할 부분에 대해서 이야기할 때가 되었습니다. 그것은 매우 다양하며 진정한 축복으로 이르는 바른 길이자 유일한 길을 선포하는 것이기도 합니다.

【사용 1】 이 교리를 통해서 우리는 잘 죽는 길에 관하여 더욱 진지하게 마음을 기울이게 됩니다. 그것은 바로 주 안에서 죽는 것입니다. 진정한 축복이 오직 주 안에서 죽는 것에 달려 있음을 깨닫게 된다면, 그리고 마지막 순간에 진정한 축복을 받기를 원한다면 분명 사람들은 그분 안에서 죽을 수 있도록 삶을 살아가는 일에 대단한 관심을 기울이게 될 것입니다.

만일 마음과 양심의 평안함과 고요함이 당신에게 중요한 문제라면 이것이야말로 당신이 진정 관심을 기울여야 할 중요한 문제입니다. 자신이 천국과 지옥 중에 어디로 가게 될지 모르는 사람이 어떻게 평안을 소유할 수 있겠습니까?

만약 어떤 것이든 위로를 얻는 것이 당신에게 중요한 문제라면 이것이야말로 당신이 진정 관심을 기울여야 할 중요한 문제입니다. 만일 어떤 사람이 자신이 그분 안에 거하고 있고 그분 안에서 죽음을 맞이하게 될 것인지에 대해서 전혀 알지 못하고 있다면 어떻게 잠자고 먹고 마시며 옷 입는 것과 같은, 그가 누리는 것들이 위로가 될 수 있겠습니까? 다음의 한마디의 말이 그가 누리고 있는 모든 환락과 행복에 찬

물을 끼얹는 것인지 모르겠습니다. 그분 안에 거하지 않는 자들은 모두 비참하게 죽게 될 것입니다. 그뿐만 아니라 그들이 믿고 의지하는 다른 모든 위로들도 잃게 될 것입니다.

만약 죽음의 순간에 하나님을 향하여 담대함과 확신을 소유하는 것이 그들에게 중요한 문제라면 이것이야말로 그들이 진정 관심을 기울여야 할 중요한 문제입니다. 만약 그들이 그분 안에 거하지 않고 있는데 죽음이 갑작스럽게 그들을 덮쳐 온다면 어떻게 그들이 평안과 확신, 담대함을 소유할 수 있겠습니까? 온 세상을 다 준다고 해도 그들을 위한 평온함과 선한 양심은 살 수 없을 것입니다.

만일 우리에게 천국이나 행복이 중요한 문제라면 이것이야말로 의심할 여지없이 우리가 진정 관심을 기울여야 할 중요한 문제입니다. 천국과 행복은 마치 날실과 씨실처럼 그분 안에서 죽는 것과 긴밀하게 연결되어 있기 때문입니다. 그러므로 당신의 심령 가장 깊은 곳에 새길 수 있도록 저는 주의 이름으로 당신 앞에 모든 합당한 수단들을 동원하여 그것을 제시할 수 있기를 원합니다. 너무 늦기 전에 하나님과의 화평을 속히 이루십시오. 그래서 죽음의 때가 임했을 때 자신의 죽음이 그분 안에 있음을 확실하게 하십시오. 영원히 천국이나 지옥에 있는 것이 그리 중요한 문제가 아니라고 생각합니까? 그 차이를 만드는 것은 다름 아닌 바로 자신의 죽음의 방식입니다. 나무가 베어 넘어지듯이 당신도 언젠가 싸늘한 주검이 되어 누워 있게 될 것입니다. 죽음 뒤에는 선고에 대한 철회도, 당신이 처한 상황에 대한 어떤 변화도 없을 것입니다. 그리고 우리 중에 그때가 언제 올지 알고 있는 사람이 한 사람이라도 있습니까? 질병이나 죽음이 찾아왔을 때 하나님과의 화평을 이룰 수 있는 시간이나 은혜를 얻을 수 있다고 자신하는 사람이 그 누구이겠습니까? 죽음의 순간에 둔함과 무감각과 의식 불명에 빠지지 않으리라고 어떻게 장담할 수 있습니까? 그러므로 죽음이 다가오고 있다는 것을 기억하십시오. 그리고 그것을 마음에 깊이 새기고 계속해서 묵상하십시오.

이 교리는 또한 대부분의 사람들이 마치 자신들이 어떻게 죽을지에 대해서 아무런 관심도 없다는 듯 빠져 있는 커다란 어리석음을 입증해 줍니다. 얼마나 많은 무신론자들과 패역한 자들이 마치 자신들의 죽음이 짐승과 다르지 않은 것처럼 살고 있는지요! 그리고 죽는 것을 아주 쉬운 일처럼 생각하는, 아니 아예 아무것도 아닌 것처럼 여기는 위선자들이 얼마나 많이 있는지요! 빈번히 찾아오는 두려움과 죄의식 속에서 고통스러워하는 사람들은 또 얼마나 많은지요! 특별히 죽음의 순간에 자신의 죄가 그리스도께로 전가되었다는 확신을 견고히 하고 그분 안에서 죽을 수 있도록 자신의 부패함을 그분의 은혜로 정화시키는 것을 가장 중요한 일로 여기는 데까지 나아가지 못하는 사람들이 얼마나 많이 있는지요! 자신들 안에 선한 것을 소유하고 있다고 자부한 나머지 너무나도 게으르고 부주의하여 죽음을 파멸의 죽음 자체로 만드는 사람들이 얼마나 많이 있는지요! 저는 (그것이 매우 중요한 문제라고 여기기 때문에) 지극히 평범한 사람인 당신 앞에 죽음 앞에서 당신이 처하게 될 몇 가지를 제시함으로써 그것을 강조하려고 합니다.

우리는 죽음을 우리와는 전혀 상관이 없는 아주 먼 얘기처럼 생각합니다. 그러나 우리는 그것을 가까이 끌어 와서 항상 우리 앞에 있게 해야 합니다. 죽음에 대한 무시와 소홀은 사람들을 그들이 살았던 모습 그대로 지극히 평범한 죽음을 맞게 합니다. 그리고 그 죽음은 결코 주 안에서 죽는 죽음도, 잘 죽는 죽음도 아닙니다. 이 세상을 떠나는 수많은 사람들 중에 우리가 가장 흔하게, 일반적으로 만나게 되는 다음의 네 가지 경우와 조건들이 있습니다.

첫째, 우리는 하나님에 대한 두려움도, 자신의 영혼에 대한 관심도 전혀 없는 무감각함과 어리석음을 발견합니다. 그들은 전능하신 하나님에 대한 두려움이나 경외감과 같은 것은 전혀 찾아볼 수 없는 어리석은 삶을 살았고 그들이 살았던 모습 그대로 죽음을 맞이했습니다. 그렇게 완고하고 행사가 악했던 나발은 자신이 살았던 방식 그대로 가장 어리석고 무감각한 죽음을 맞이했습니다. 너무나 안타까운 일이기는 하지만 당신의 마음을 일깨우기 위해서 우리 중에 은혜를 받지 못한 채 죽은 몇 사람들의 애통하고 비참한 처지에 대하여 언급하지 않을 수가 없습니다. 그러므로 무감각하고 어리석은 모습으로 죽고 싶지 않다면 당신의 삶을 늘 따라다녔던 무감각함과 어리석음을 이제는 내버리십시오.

우리가 만나게 되는 두 번째 종류의 사람들은 평생 동안 모든 일이 잘될 것이라고 주장하다가 죽음의 순간에 이르러서도 계속 그 주장을 고집하는 사람들입니다. 비록 그들이 자신의 죄를 분명하게 깨닫지 못했고 은혜로부터 철저하게 멀리 있었다는 것이 명백하게 드러났음에도 불구하고 그들은 여전히 자신들이 평생 동안 믿고 살아왔던 것을 확신하며 죽음 앞에서도 여전히 모든 것이 잘될 것이라는 헛된 소망을 버리지 않으려고 합니다. 만일 당신이 죄에 대한 의식이나 자비에 대한 분별력도 없고, 생명력과 근거도 없는 가운데서 죽게 된다면 당신이 처한 상황이 죽음을 맞기에 좋은 조건이라고 생각합니까? 참으로 두려운 일이 아닐 수 없습니다. 그러므로 어서 그 고집을 버리십시오. 그러나 우리 중에 어떤 이들에게는 그것을 깨닫게 하는 것이 결코 쉬운 일이 아닙니다. 따라서 당신으로 하여금 그리스도 앞에 진지한 모습으로 나아오게 하는 일은 참으로 특별한 일이 아닐 수 없습니다.

세 번째 종류의 사람들은 문제는 거의 없지만 많은 의심과 두려움을 안고 죽음을 맞는 사람들입니다. 그들은 자신만의 죄의식과 두려움, 의심을 품고 삶을 살았습니다. 그러나 하나님과의 화평과 관계를 위한 해답을 얻기 위해서 하나님의 방식으로 수고하고 땀 흘려 본 경험이 전혀 없는 사람들입니다. 그들은 죽음을 두려워하지만 결코 그것을 피할 수는 없습니다. 그들이 가진 믿음은 그들을 두려움과 의심 속으로 몰아넣었을 뿐입니다. 그들이 진노에 대하여 가진 깊은 두려움과 불안감은 그들의 확신과 소망을 흔들어 놓습니다. 그러나 그것은 확실한 해답을 찾으려는 진지한 노력이 없이 의심과 불안 속에서 살아간 삶이 치러야 할 합당한 대가일 뿐입니다. 물론 앞서 말한 두 가지보다 이 상황이 조금은 나은 것 같으나 성경에서 그들에 관해서 기록된 말씀은 결코 그들의 마음을 위로해 주지 못합니다.

네 번째 종류의 사람들은 바로 자기 의에 빠져 있는 사람들입니다. 그들은 스스로가 만든 천국의 소망에 젖어 있는 자들입니다. 그들은 자신들이 좋은 이웃이었고 다른 사람들에게 아무 해도 주지 않고 살아온 사람들임을 자부합니다. 그들은 거친 신성모독자도, 술주정뱅이도 아니었으며 하나님의 이름을 함부로 부르는 죄를 범하지도, 안식일을 어기지도 않았으며 다른 사람을 착취하는 일도 하지 않았습니다. 오히려 그들은 사람들을 대하는 것에서나 직업에서나 친절하고 정직하며 신실하고 의로운 자들로 평가받는 사람들이었습니다. 그들은 가정 예배에서뿐만 아니라 홀로 은밀히 있을 때에도 기도하는 것을 어기지 않았고 하나님의 말씀을 잘 준수했습니다. 그러나 죽음의 순간에 그들은 이 모든 근거에 의지해서 자신들의 생과 죽음에 관련된 모든 것이 잘될 것이라고 자부합니다.

물론 의무를 다하고 하나님의 법을 지키는 삶을 비난하려는 것이 아닙니다. 그러나 그들이 죽음의 순간에 의지하는 주된 것이 자신의 의로운 삶이라면 그것은 진정 슬프고 위험한 일이 아닐 수 없습니다. 그렇게 자기 의를 주장하는 사람들은 "우리는 주 앞에서 먹고 마셨으며"(눅 13:26)라고 말하면서 주님 앞에 나오겠지만 주님께서는 그들을 자기 앞에서 내쫓으실 것입니다. 이러한 근거에 기반을 두고 교만과 자기

의에 빠져 있었던 바리새인이 누가복음 18장에서 불의한 자로 내쫓기는 모습을 보십시오. 평생 동안 이와 같은 자신감의 근거에 익숙해진 사람들은 죽음의 순간에도 교만으로 목이 뻣뻣해질 수밖에 없습니다. 그리고는 그리스도의 전가된 의의 절대적인 필요성을 보지 못하고 자기의 의를 위해서 그분께로 나아가는 일을 하지 못합니다.

【사용 2】 이 교리는 또한 당신의 마음을 흔들어서 더욱 진지하게 죽음과 주 안에서 죽는 길에 대해서 생각하게 만드는 간곡한 권고의 역할을 합니다. 그리고 그 목적을 위해서 저는 당신에게 죽음 앞에서 답변해야 할 다음의 세 가지 질문을 제시하고자 합니다.

질문 1. 당신은 죽음과 함께 찾아와서 당신에게 만족스러운 답변을 촉구하는 질문들에 대해서 어떻게 답변하겠습니까? 부지런한 삶이 있었던 곳에는 질문들이 없겠지만 경솔하고 나태한 삶이 있었던 곳에는 수많은 질문들이 당신을 기다리고 있을 것입니다. 그렇다면 당신은 이러한 질문들을 사전에 막거나 그에 합당한 답변을 준비해야 할 것입니다. 수많은 질문들 중에서 다섯 가지만 당신에게 제시하겠습니다.

⑴ 당신은 수많은 선한 목적과 해결책을 무시해 왔거나 그

것을 성실하게 실행하지 않았습니다. 당신은 날마다 하나님과 화평을 맺는 일을 뒤로 미뤄 왔습니다. 양심이 자신의 모습을 반추하기 시작하고 뒤돌아서서 이 모든 것에 대한 질문을 던지기 시작할 때 당신은 어떻게 대답하겠습니까? "너의 집은 너의 게으름으로 인해 무질서하고 어지러우냐? 나에게 말해라. 이 시간이 이르기 전에 네가 하나님과 화평을 확실하게 하지 않은 이유가 무엇이냐? 너는 이런 저런 의무들을 행하도록 명령을 받았을 때 왜 늑장을 부렸느냐? 너는 왜 이런 저런 욕구들을 억제하고 참지 못했느냐?"

생각해 보십시오. 당신에게 죽음을 감히 마주 대할 용기도, 그것을 연기할 방법도 없을 때 그런 질문에 대해서 어떻게 답변할 수 있습니까? 그것을 생각하지 않는 것은 당신이 무신론자들과 패역한 자들을 옹호하고 있는 것과 다르지 않습니다. 아직 시간이 있을 때 당신이 이것에 대해서 어떻게 답변해야 할지 생각해 보십시오.

(2) 양심은 당신이 헛된 욕망을 쫓아다니느라 분주했었다고 말할 것입니다. 당신의 집을 더 넓히고 더 많은 부를 쌓으며 더 많은 땅을 사느라고 분주했었다고 말할 것입니다. 이제 이 모든 것이 당신에게 무슨 유익을 가져다 줍니까? 그리고 당신은 지금은 수치스러운 것이 되어 버린 이 모든 것으

로부터 어떤 유익을 얻었습니까? 왜 당신은 결코 당신을 만족시킬 수 없는 것들에 당신의 눈을 고정시키고 그토록 많은 수고와 땀과 시간을 쏟았습니까? 그때 그것들이 당신에게 어떤 선한 것을 가져다 줄 수 있습니까? 당신은 다음과 같은 말을 듣게 될 것입니다. "어리석은 자여 오늘 밤에 네 영혼을 도로 찾으리니 그러면 네 예비한 것이 뉘 것이 되겠느냐"(눅 12:20) 당신이 자신의 영혼을 잃는다면 온 세상을 얻는다고 해도 그것이 무슨 유익이 있겠습니까? 죽음이 당신을 찾아 왔을 때 이 말이 많은 이들의 양심을 아프게 찌를지도 모릅니다. 당신의 마음은 지금 이 순간도 수많은 것들로 분주히 채워지고 있겠지만 정작 가장 필요하고 긴급한 일은 뒤로 미룬 채 관심조차 기울이지 않고 있는 것입니다.

(3) 세 번째 질문은 매우 흔히 일어나는 것으로 선한 것을 얻고 선한 일을 할 기회를 그냥 흘려보내면서 부주의하고 나태하게 귀한 시간을 낭비하고 구원의 위대한 역사를 소홀히 여기는 것입니다. 당신은 뒤돌아보며 자문하게 될 것입니다. "내가 인생을 살아오면서 한 일이 무엇인가?" 그러면 양심은 이렇게 대답할 것입니다. "우리는 헛된 이야기를 나누고 술을 마시며 방랑했었다. 들판을 유리하며 아무것도 아닌 일 때문에, 아니 그보다 더 악한 일 때문에 정신없이 분주한 삶

을 살았다." 그때 당신은 울부짖으며 후회하겠지만 모두 헛되고 부질없는 일일 뿐입니다. "오, 우리가 그토록 소홀히 여기고 아무것도 아니라고 무시했던 이 귀중한 기회들을 다시 되돌릴 수만 있다면! 우리에게 그 기회들이 다시 찾아올 수만 있다면! 우리는 처음 구원의 길로 들어왔을 때보다 삼사십 년의 세월이 지난 지금 그것을 더욱 확실하게 붙잡고 있다고 말할 수 있는가? 오히려 더 많은 죄와 더 깊은 죄의식 속에 빠져 허우적대고 있을 뿐이지 않은가!" 어떤 이들은 말할 것입니다. "우리는 오륙십 년의 세월을 살았지만 그 세월 동안 어느 한 순간도 가치 있게 보냈다고 할 만한 순간이 있었는가?"

(4) 네 번째 질문은 하나님을 섬기는 데 있어서 사람들의 형식주의와 위선주의에 관한 것입니다. 그들은 하나님의 말씀을 듣기 위해서 교회로 왔지만 설교 시간 내내 잠에 빠져 있거나 이곳 저곳을 방황하고 있을 뿐입니다. 그리고 정말로 가치 있고 유익한 것에는 아무런 관심도, 주의도 기울이지 않습니다. 그들은 앉아서 기도하지만 단 한 번도 깊은 기도 가운데로 진지하게 들어가 본 적이 없습니다. 그들은 결코 은혜와 탄원의 영을 구해 본 적도 없습니다. 그들은 가족과 함께 혹은 은밀히 홀로 기도했을지 모릅니다. 그러나 양심의

거울로 들여다보면 그것은 단지 형식적이고 위선적인 행위에 불과할 뿐입니다. 그들은 하나님과의 교제가 어떤 것인지조차 알지 못합니다. 그들은 자신들이 받아들여졌는지, 자신들의 기도가 하나님께 전달되었는지 알지도 못했고 알려고 하지도 않았습니다. 그들은 경건한 삶과 그 능력에 대해서 알려는 노력조차 기울이지 않았습니다. 이 얼마나 슬프고 안타까운 일입니까! 그리고 그것에 대해서 당신은 무엇이라고 대답하겠습니까?

(5) 다섯 번째 질문은 주일, 설교, 집회 등과 같은 많은 은혜와 자비의 수단들을 헛되이 낭비하는 것에 관한 것입니다. 당신은 이교도주의나 적그리스도의 어둠 아래 살고 있지 않습니다. 오히려 복음의 순전한 빛이 선명하게 빛나는 곳에 살고 있습니다. 당신은 올바른 길에 대해서 알고는 있을지 모릅니다. 그러나 그 길을 따라가고자 하는 마음은 전혀 없습니다. 당신은 좋은 설교와 좋은 책과 같은 기회들을 마음껏 이용할 수 있었습니다. 그러나 그렇게 하지 않았습니다. 만일 그렇게 했더라면 얼마나 좋을까요! 그러나 당신은 그렇게 하지도, 또 하려고도 하지 않았습니다. 양심은 이렇게 말할 것입니다. "이곳에서 너는 나태했었다. 저곳에서 너는 빈둥거렸다. 이곳에서 너는 따분해 하고 지루해 했고 저곳에서

너는 가만히 손놓고 앉아서 모든 것을 포기해 버렸다." 그렇다면 이제 당신은 이 모든 것에 대해서 무엇이라고 대답하겠습니까?

이곳뿐만 아니라 다른 곳에서도 이러한 질문들을 만나게 될 많은 사람들이 있습니다. 그 전에 하나님의 심판을 만나게 되지 않는다면 말입니다. 주 안에서 죽기를 원한다면 부디 그런 질문들을 미리 막을 수 있도록 힘쓰십시오. 그리고 너무 늦기 전에 그리스도 안에 계신 하나님께로 돌아가고 믿음과 거룩함의 길에 대해서 진지해짐으로써 그 질문들을 제거할 수 있도록 노력하십시오. 분명 죽음은 대부분의 사람들이 건강하게 살아 있는 동안 만나게 될 질문들보다 더 많은 질문들을 가지고 올 것이기 때문입니다. 그리고 그 질문들은 일시적이고 덧없으며 가벼운 죄책감이 지금 우리의 마음을 찌르고 아프게 하는 것과는 비교도 할 수 없을 정도로 우리의 마음을 고통스럽게 할 것입니다.

질문 2. 당신은 죽음이 그런 질문들을 몰고 오기 위해 사용하는 몇 가지 특별한 유혹과 시험들에 대해서 어떻게 답하겠습니까? 그때 유혹과 시험은 더욱 교활해지고 날카로워질 것입니다. 그때 질문들이 더욱 요란해지고 날카로우며 악한 영이 더욱 바삐 돌아다니게 될 것이기 때문입니다. 만일 그

때 시험에 걸려서 넘어지게 된다면 그는 거의 그 싸움에서 진 것이나 다름없습니다. 이런 시험에 어떻게 답을 해야 할지 한 번 생각해 보십시오. 다음은 죽음에 처한 사람들을 공격하는 다섯 가지 일반적인 유혹들입니다.

1. 첫 번째는 이 세상에서 데려가시기 위해서 어느 때, 어떤 상황에서 어떤 사람을 부르시는가에 관한 하나님의 섭리에 대하여 분을 내려는 유혹입니다. 그 분냄은 결국 죽는 것을 거부하려는 마음에서 비롯되는 것입니다. 너무나 중요한 계획과 사업이 한창 진행 중인 때에, 혹은 매우 중요한 거래가 아직 다 끝나기도 전에, 혹은 대단히 중요한 물건을 구입하기도 전에 하나님께서 어떤 사람을 데려가시는 것을 볼 때 증오와 적의는 언제라도 폭발할 준비가 되어 있습니다. 만일 사탄이 하나님의 처분에 분을 내며 안달하고 불평하려는 이 유혹을 이용해 성공을 거둔다면 결국 그 순간 거두어야 할 열매는 영영 잃어버리게 되고 말지도 모릅니다. 더 나아가서 사탄은 당신이 그분께 가까이 나아올 수 없도록 아예 당신을 하나님으로부터 멀리 떨어지게 만들려고 할 것입니다. 그런 유혹이 얼마나 헤아릴 수 없이 많이 우리 주변에서 일어나고 있는지요!

그러므로 언제라도 즉시 죽음을 맞이할 준비를 갖춘 유연한 태도로 살아가도록 힘쓰십시오. 당신이 계속해서 이런 저런 계획을 세우며 살아간다면, 이런 것에 대한 깊은 묵상이 없이 세상의 일들을 좇아 살아간다면 당신은 알지도 못하는 사이에 어느 날 갑자기 다른 수많은 사람들처럼 죽음이 당신을 찾아온 것에 대해서 분을 내고 불평하려는 유혹에 사로잡히게 될지 모릅니다. 비록 그것이 크고 의로운 심판자의 계획하심이라고 해도 말입니다.

2. 두 번째 유혹은 무신론에 빠지는 것입니다. 사람들이 무신론에 빠져 살았듯이 사탄은 죽음의 순간에도 무신론이라는 유혹을 사용하여 그들을 공격합니다. 그들로 하여금 스스로를 구덩이에 던져 버리는 야각처럼 다루기 힘든 패역자로 만들어서 죽음을 무시하게 하고 절망적으로 죽음에 대해서 마음의 문을 굳게 닫아 버리게 만드는 것입니다. 그렇게 평생 동안 죽음에 대한 생각을 비웃었던 많은 절망적인 영혼들은 죽음이 찾아왔을 때도 결코 그 때문에 괴로워하지 않습니다. 오히려 모든 두려움을 떨쳐 버리고 일종의 세상적인 용기를 가져 보려고 애를 씁니다. 자신들이 죽을 수밖에 없다는 것을 깨달으면서 그들은 죽어갈 것입니다. 그러나 그것에 마음을 기울이는 것조차 그들은 용납하려고 하지 않습니다. 그러나 당신은 그런 모습으로 하나님의 진노와 맞설 수

있습니까? 그리고 당신의 손에 들려진 그분의 진노의 잔을 바라보며 감히 웃을 수 있겠습니까? 그러나 그것은 엄연한 사실입니다. 그것은 하나님의 두려운 공의의 한 부분이기 때문입니다. 평생 동안 그분에 대한 경외감 속에서 있어 보지 않은 사람들은 무거운 형벌을 받으며 죽어가야 합니다. 그러나 정작 그들이 깨어났을 때는 그와는 비교도 할 수 없을 만큼 가장 두려운 시간이 그들을 기다리고 있을 것입니다.

3. 세 번째 유혹은 뻔뻔스러움과 위선적인 태도에 관한 것입니다. 그것은 특히 점잖고 공식적인 직업을 가진 사람들에게서 주로 찾아볼 수 있습니다. 그들은 평생 동안 너무나 뻔뻔스럽고 위선적인 삶을 살았기 때문에 동일한 유혹이 그들을 떠나지 않고 죽음의 순간까지도 그들을 압도합니다. 그들은 마음속으로 전혀 느끼지도 못하면서, 그리스도에 대한 믿음에 대해 경험적으로 알지도 못하면서 하나님의 위로에 관해 이야기합니다. 평생 동안 그들로 하여금 모든 것을 숨기게 만든 위선이 죽음의 순간에도 동일하게 그들로 하여금 각양 좋은 말들로 스스로를 포장하게 만들 것입니다. 그러므로 위선이라는 유혹에 주의하고 종교라는 이름을 좇지 마십시오. 대신 당신의 실제 모습 그대로 진실하기만을 구하십시오. 당신은 사람들에게는 들키지 않고 죽을 수 있을지 모르

지만 하나님 앞에서는 결코 숨을 수 없습니다. 사람들이 하나님 앞에서의 진실한 모습이 아닌 더 근사한 언행으로 자신을 치장하고 색칠할 때 그것을 강력한 유혹으로 알고 주의를 기울이십시오. 그리고 그것에 철저하게 대비하십시오.

4. 네 번째 유혹은 자기 의에 대한 생각입니다. 이것은 죽음 앞에 서 있는 몇몇 거룩한 사람들에게는 다른 어떤 유혹보다도 더 강하게 마음을 괴롭히는 것입니다. 그것은 바리새인들이 그러했듯이 형식주의에 빠져 있는 지식층에게 강력한 영향력을 행사합니다. 그들은 기만 속에서 삶을 살았듯이 죽음의 순간에도 그것을 고수하려고 합니다. 그런 사람들은 언제라도 이렇게 말할 준비가 되어 있습니다. "교회의 명령을 지킬 수 있게 해 주신 하나님께 감사드립니다. 저는 이웃과 단 한 번도 문제를 일으키거나 다툰 적이 없었습니다. 저는 모든 사람을 진실하고 의롭게 대했습니다. 저는 언제나 의의 편에 서 있었습니다. 저는 말씀을 읽고 기도했으며 주일을 지켰습니다." 이런 것들은 그 자체로는 매우 선하고 좋은 것들입니다. 그러나 그런 것들에 조금이라도 가치를 부여하거나 삶 속에서 혹은 죽음의 순간에 구원과 위안의 주된 근거로 삼아 의지하려고 하지 마십시오. 만일 사탄이 당신에게 어떤 공로나 자격에 대해서 듣기 좋은 말로 다가오려고

할 때마다 그것을 유혹으로 알고 철저하게 물리치십시오.

5. 마지막 다섯 번째 유혹은 바로 의심입니다. 그것은 절망에 이르게 하는 적입니다. 그것은 그리 빈번하게 일어나지는 않지만 일생 동안 매우 안전하게 삶을 살아온 사람들을 공격하여 뒤흔들어 놓습니다. 죽음이 찾아왔을 때 사탄은 이렇게 말합니다. "너는 결코 평생 동안 진지하고 간절하게 하나님을 구한 적이 없었다. 그리고 이제 시간이 다 되었다. 문은 닫혔고 그분은 너의 부르짖음을 듣지 않으실 것이다." 이것은 오직 은혜를 통해서만 해결책을 얻을 수 있습니다. 그러나 그 순간에도 하나님의 은혜의 손길을 거부한다면 당신은 그것을 물리칠 힘을 얻을 수 없을 것입니다.

질문 3. 당신은 죽음의 순간에 무엇을 생각할 것 같습니까? 저는 그 질문을 다음의 몇 가지 질문으로 바꾸어서 당신에게 묻기를 원합니다.

1. 그때 당신은 세상에 대해서 어떻게 생각하겠습니까? 그 모든 즐거움과 부, 영예에 대하여 어떻게 생각하겠습니까? 건강하고 모든 것이 풍족할 때 사람들은 이런 저런 부푼 꿈 등에 대단히 높은 가치를 부여합니다. 그러나 죽음이 당신을 부르기 위해서 찾아올 때 당신은 외적인 부요함과 식량으로 가득 찬 창고, 포도주로 가득 찬 지하실, 부와 풍족함으로 충

만한 집에 대해서, 이 세상에서 누리는 높은 지위, 영예, 평판, 신용 등에 대해서 어떻게 생각하겠습니까? 그때 그것들은 결코 당신의 심령을 채워 주지 못할 것입니다. 그때 그것들이 가졌던 영광과 광휘는 희미하게 사라지고 그 빛을 잃게 될 것입니다. 그때 그것들은 그 눈부신 꽃을 떨어뜨리고 시들어 버릴 것입니다. 그것들의 맛과 달콤한 풍미는 완전히 자취도 없이 사라지고 말 것입니다. 쾌락 속에서 헤엄치고 부와 영예 속에서 충만히 거했던 수많은 사람들의 경험이 이 진리를 증명하고 있지 않습니까? 그때 그들은 모두 헛되고 부질없는 것들에 빠져 있었던 자신의 모습을 보며 분노하지 않았습니까? 죽음 전에 찾아오는 커다란 고통과 병마와의 사투 속에 빠져 있는 자에게, 양심의 가책 속에 빠져 있는 자에게 생전의 모든 부와 즐거움, 영예는 어려움과 고통을 조금도 덜어 주지 못합니다.

2. 그때 당신의 마음에 평안을 주는 주된 근거는 무엇입니까? 당신은 지금은 자신의 구원에 대해서 전혀 의심하지 않을지 모릅니다. 그러나 죽음의 순간에 당신의 근거는 아주 세밀한 체로 걸러지게 될 것입니다. 그리고 견고한 확신 대신 당신은 가느다란 믿음조차 붙잡으려고 안간힘을 쓰게 될지 모릅니다. 믿음 대신 당신은 이내 의심의 구름에 휩싸이

게 될 것이고 소망 대신 두려움을 갖게 될 것입니다. 죽음의 순간에 자신들이 단지 스스로를 기만한 채 살아왔다고 고백할 사람들이 얼마나 많을까요? 그리고 하나님께서 은혜로 막아 주시지 않는다면 우리 중에도 그렇게 고백해야 할 사람들이 얼마나 많을까요? 영원함에 대해서, 그리고 하나님의 의로우심에 대해서 바라보기 시작할 때 당신은 자신이 의지해 왔던 많은 것들이 그분의 심판을 결코 이겨내지 못한다는 것을 깨닫게 될 것입니다. 그리고 그것들이 당신의 영혼의 구원의 무게를 결코 감당할 수 없을 것이라는 것과 건강할 때에는 해결할 수 있을 것 같았던 많은 문제들이 결코 답할 수 없는 문제라는 것을 깨닫게 될 것입니다. 그래서 전에는 전혀 관심조차 갖지 않던 사람들이 죽음에 처하게 되자 목회자를 애타게 찾고 간절히 기도를 요청하는 것이 아닙니까? 그리고 목회자가 오면 그들은 그에게 하나님께서 은혜를 값없이 베풀어 주지 않으신다면 자신들은 아무것도 할 수 없다고 고백할 것입니다. 그러므로 너무 늦기 전에 그것을 깨닫기 바랍니다.

3. 당신이 인생의 마지막 순간에 가까이 이르고 죽음이 당신의 눈꺼풀 위로 내려앉을 때, 당신의 눈과 귀가 약해지기 시작하고 영원한 세계가 당신을 정면에서 응시할 때 당신은

무엇을 생각하겠습니까? 자신의 몸을 떠나려는 영혼을 향해 다음과 같이 외쳤던 어느 비참한 이교도 황제처럼 수많은 사람들이 부르짖게 되지 않으리라고 장담할 수 있습니까? "오! 가엾은 영혼아, 너는 지금 어디로 가려고 하느냐?" 그때 당신은 한 번만 더 설교를 들을 수 있다면, 한 번만 더 주일을 맞을 수 있다면 무엇이든 주려고 하지 않겠습니까? 친척들과 이웃들이 당신을 위해서 눈물 흘리고 있을 때, 당신이 죄의 무게와 진노의 두려움 아래에서, 고통과 질병의 무게 아래에서 신음하고 있을 때 당신은 죽음이 오는 것을 피하려고 하지 않겠습니까? 그러나 당신은 결코 그렇게 할 수 없습니다. 영혼은 반드시 당신의 육신을 떠나야 하고 단 한 시간의 기다림조차 허락되지 않기 때문입니다. 그때 당신은 단 한 시간만이라도 허락받기 위해서, 잠시라도 이곳에서 머물기 위해서 무엇이라도 주려고 하지 않겠습니까? 그러나 그 시간은 우리 중 많은 사람들에게는 그리 멀지 않은 시간일 것입니다. 어떤 사람들에게는 채 일 년도 남지 않은 시간일 것이고 또 어떤 사람들에게는 한 달도, 일주일도 남지 않은 시간일지 모릅니다.

4. 영혼이 육신을 벗어나서 떠나고 최후의 선고가 내려질 때, 사탄의 군대들이 천국으로 갈 것이라고 생각하고 있던

영혼을 고통스러운 지옥으로 데려가려고 끌고 갈 때 당신의 영혼은 어떤 상태에 있겠습니까? 평생 동안 목회자의 설교나 다른 사람들이 지옥에 대해서 말하는 것을 들을 때마다 경멸하고 공격했던 사람의 영혼이 뜻하지 않게 사로잡혀서 그렇게 황급히 끌려간다면 그의 마음이 어떨 것 같습니까? 당신은 지옥에 갈 영혼 같은 것은 존재하지 않는다고 생각합니까? 혹은 영원히 지옥에서 고통 받을 위험에 처해 있는 영혼은 없다고 생각합니까? 만일 당신이 둘 다 부정한다고 해도 당신은 곧 그 모두를 인정해야만 할 것입니다. 만일 그 둘 다를 부정한다면 당신은 평생 동안 자신에게 주어진 귀한 시간과 기회를 낭비하고 주 안에서 죽는 것에 대해서 단 한 번도 진지하게 생각해 보지 않은 잘못을 범한 자들이 어떤 결과를 맞아야 한다고 생각합니까?

  이 교리는 당신 앞에 생과 죽음, 천국과 지옥을 제시해 줍니다. 만일 당신이 그리스도 안에서 삶을 살고 그분 안에서 죽음을 맞는다면 당신은 생명을 얻을 것이고 영원토록 복을 누리게 될 것입니다. 그러나 만일 당신이 자신의 죄 속에서 삶을 살다가 그 죄 속에서 죽음을 맞이한다면 당신은 틀림없이 영원한 죽음을 맞게 될 것입니다. 그리고 그 죽음은 하나님의 진노와 영원한 고통의 잔을 잠시의 쉼도, 조금의 덜함도 없이 영원토록 계속해서 마셔야 하는 것과 같습니다. 그렇게 해서 당신은 영원토록 가장 비참한 자의 모습으로 남아 있게 될 것입니다.

5. 당신은 죽음이 찾아오기 전에 주 안에서 삶을 살고 그분 안에서 죽음을 맞이하는 것에 대해서 진지하게 생각하는 것이야 말로 너무나도 크고 중요한 문제라고 생각하지 않습니까? 당신에게 한 가지 질문을 하겠습니다. 자신의 마지막 때가 오기 전에 이미 경고를 들었지만 결국은 지옥에 가 버린 수많은 영혼들이 지금 무엇을 생각하고 있을 것 같습니까? 당신은 지금은 이 말을 무시하고 코웃음을 칠지 모릅니다. 그러나 그때가 오면 결코 그렇게 할 수 없을 것입니다. 오히려 이 말씀이 당신의 마음을 사로잡을 것이며 당신의 가슴을 아프게 괴롭힐 것입니다. "선지자들이 영원히 살겠느냐?"라고 선지자 스가랴는 스가랴 1장에서 말했습니다. 그러나 하나님의 말씀은 영원토록 있을 것입니다. 이 말씀이 그것을 무시하고 경멸했던 자들을 사로잡을 것이며 그들의 목을 잡고 영원토록 질식하게 만들 것입니다. 주께서 이토록 중요한 진리의 말씀에 은혜를 베푸셔서 단단히 굳은 당신의 마음을 두드리시고 이 말씀이 당신의 마음에 전달되어 당신이 그것을 무시하지 않도록 막아 주시기를 간절히 기도드립

니다. "또 내가 들으니 하늘에서 음성이 나서 가로되 기록하라 지금 이후로 주 안에서 죽는 자들은 복이 있도다 하시매 성령이 가라사대 그러하다 저희 수고를 그치고 쉬리니 이는 저희의 행한 일이 따름이라 하시더라."

3
진정한 비참함에 이르는 길

"주 안에서 죽는 자들은 복이 있도다"(계 14:13).

우리가 아무리 이야기해도 지나치지 않을 만큼 너무나도 중요한 몇 가지가 있습니다. 인간이 마지막 순간에 만나게 되는 네 가지, 즉 죽음, 심판, 천국과 지옥은 무엇보다도 가장 끊임없이 묵상해야 할 것으로 그리스도인들에게 자주 권유되는 주제입니다. 그 네 가지 중에서 죽음이 적어도 그 순서에 있어서 최우선의 자리에 놓여야 하는 것은 두말할 필요도 없을 것입니다. 죽음은 우리가 심판으로 들어가기 위해서 통과해야 하는 문이기 때문입니다. 사람들은 죽은 후에 다시 일어나게 될 것입니다. 그리고 자신이 처하게 될 영원한 곳에 대하여 심판자로부터 최후의 선고를 받게 될 것입니다.

저는 앞에서 오직 주 안에서 죽는 자들만이 복 있는 자들이라는 말씀에서 나온 교리를 전했습니다. 이제 그 교리의 주된 사용을 살펴보기 전에 먼저 여기에서 주로 적용하고 있는 것에 대해서 간단히 말하겠습니다. 주 안에서 죽는 자들이 진정 복을 받은 자들이듯이 그분 안에 거하지 못하고 자신의 죄 속에서 죽는 자들은 말할 수 없이 비참한 자들입니다. 전자는 곧 후자를 함축하고 있기 때문입니다. 전자의 교리는 말씀 안에 명백하게 나타나 있는 것으로 그리스도 안에서 죽는 것을 우리 모두에게 권고하고 있습니다. 그리고 당신의 마음을 흔들어서 그것을 진지하게 생각하게 만듭니다. 그러니 그것을 가장 중요하게 여기십시오. 적극적이고 간곡하게 당신에게 권합니다. 저는 지금 담이나 벽, 나무토막이나 바위에 대고 이야기하는 것이 아니라 당신에게 말하고 있습니다. 잠에서 깨십시오. 당신의 마음이 방황하지 않게 하십시오. 저는 많은 사람들이 그 진리를 너무 늦게 발견하지 않도록 지금 이 진리의 말씀을 전하고 있는 것입니다.

이 교리를 전개해가면서 저는 그것으로부터 나오는 두 가지를 먼저 분명하게 한 후에 이 교리의 사용으로 들어갈 것입니다. 첫 번째는 그리스도 안에서 죽지 못하는 많은 사람들이 있다는 것입니다. 그것은 분명하게 이 말씀 안에 내포되어 있습니다. 적그리스도의 통치가 시작된 후, 복음의 전파 속에서도 주 안에서 죽는 자들을 발견하기란 매우 힘든 일로 생각되고 있습니다. 그분 안에서 죽는 사람은 찾아보기 힘든, 참으로 복된 사람입니다. 두 번째는 자신들의 죄 속에서 죽고 그리스도 안에서 죽지 못하는 사람들은 말할 수 없이 비참한 사람들이라는 것입니다. 저는 첫 번째를 먼저 확증하고 그 다음 두 번째에 대해서 간단히 살펴볼 것입니다.

먼저, 그리스도 안에서 죽지 못하는 사람들이 많다는 것은 마태복음 7장 22절과 누가복음 13장 24절에서 찾아볼 수 있습니다. 다음의 세 가지가 그것을 충분히 확증해 주고 있습니다.

1. 성경의 분명한 말씀이 그것을 확증해 줍니다. 그리스도께서는 천국에 대해서 말씀하시면서 그것을 구하러 오는 자들에게 "좁은 문으로 들어가기를 힘쓰라 내가 너희에게 이르노니 들어가기를 구하여도 못하는 자가 많으리라"(눅 13:24)라고 말씀하셨습니다. 또한 그분께서는 지옥과 파멸에 대해서 "좁은 문으로 들어가라 멸망으로 인도하는 문은 크고 그 길이 넓어 그리로 들어가는 자가 많고"(마 7:13)라고 말씀하

셨습니다. 그분은 또한 심판의 날에 대해서도 그날에 많은 사람들이 그에게로 와서 "주여 주여 우리에게 열어 주소서"(마 25:11)라고 말하면 "진실로 너희에게 이르노니 내가 너희를 알지 못하노라"(마 25:12)라고 말씀하실 것이라고 하셨습니다. 그분께서는 그때 "또 왼편에 있는 자들에게 이르시되 저주를 받은 자들아 나를 떠나 마귀와 그 사자들을 위하여 예비된 영영한 불에 들어가라"(마 25:41)라고 말씀하실 것입니다.

이 말씀은 교회 밖에 있는 사람들에 관한 것일 뿐만 아니라 몇몇 신앙 고백자들에 관한 말씀이기도 합니다. 이 말씀은 그들이 그리스도 안에서 죽지 못할 것이라고 분명하게 말하고 있습니다.

2. 만일 당신이 인간의 삶과 죽음 사이에 있는 보편적인 관계에 조금만 관심을 기울인다면 당신은 대부분의 사람들이 걸어온 길이 그들이 주 안에서 죽지 못할 것을 분명하게 선포하고 있다는 것을 발견하게 될 것입니다. 앞으로 언급하겠지만 인간이 그리스도 안에 거하고 그분 안에서 삶을 사는 것은 곧 그분 안에서 죽음을 맞는 것으로 이어집니다. 그들이 그분 안에서 죽기 위해서는 먼저 그분 안에 거해야만 합니다. 저는 모든 사람이 그분 안에서 죽을 수 있으려면 그 전

에 이미 반드시 수년 동안 그분 안에 거하고 그분 안에서 삶을 살았어야 한다고 말하는 것이 아닙니다. 그러나 그들이 그분 안에서 죽을 수 있으려면 그 전에 어느 정도의 시간 동안 그분 안에 거하고 있어야만 합니다. 그리고 그들은 영적인 삶의 행동과 호흡을, 그리고 그분에 대한 믿음을 표현했어야 합니다. 비록 하나님의 영광이나 다른 사람들의 교화를 위해서 많은 말과 행동을 하지는 않았다고 할지라도 말입니다. 몇 마디의 한숨, 몇 마디의 신음, 그리고 그분을 조금이나마 바라본 것만으로도 족합니다. 우리는 이것을 십자가상의 강도에게서 찾아볼 수 있습니다. 그에게 주어진 시간은 매우 짧은 시간이었지만 그것은 주 안에서 죽기에는 충분한 시간이었습니다.

그리스도 안에 거하고 그분 안에서 삶을 사는 것이 그분 안에서 죽음을 맞이하는 것으로 이어지는 것이라면, 그것은 앞으로 당신이 죽음을 맞이하게 될 모습에 대해서 얼마나 슬픈 그림자를 드리우는 것인지요! 우리 중에 얼마나 많은 이들이 계속해서 이전의 검은 본성 속에서, 결코 거듭난 삶이라고 할 수 없는 삶을 살아가고 있는지요! 사람들의 부류에 따른 다음의 질문들을 보십시오.

(1) 얼마나 많은 사람들이 무신론자처럼 하나님의 이름을

한 번도 부르지 않고, 두려움을 애써 거부하며 그분 앞에서 단 한 번도 기도하지 않은 채 삶을 살아가고 있는지요? 그들은 삶을 살던 모습 그대로 죽어갈 것입니다. 대부분이 헛된 방심 속에 빠져 착각 속에서 죽어가거나 아니면 절망의 늪에 빠져 생을 마감할 것입니다.

(2) 얼마나 많은 사람들이 형식주의에 빠져서 삶을 살았지만 결코 육신을 억제하는 것이나 진지하게 경건의 능력을 추구한다는 것이 무엇을 뜻하는지도 알지 못한 채 삶을 살아가고 있는지요? 그러나 성령님께서는 로마서 8장 13절에서 다음과 같이 말씀하십니다. "너희가 육신대로 살면 반드시 죽을 것이로되 영으로써 몸의 행실을 죽이면 살리니." 심령 속에도, 행위 속에도 은혜가 없다면 당신은 그리스도 안에서 죽을 것이라고 결코 장담할 수 없을 것입니다. "예수께서 대답하시되 진실로 진실로 네게 이르노니 사람이 물과 성령으로 나지 아니하면 하나님 나라에 들어갈 수 없느니라"(요 3:5). 이것은 태어난 그대로의 모습으로 살다가 죽는 사람들을, 그리고 그들이 이 세상에 나왔을 때 가지고 있었던 생명 이외의 또 다른 생명을 단 한 번도 구하지 않은 모든 사람을 포함하고 있습니다.

(3) 겉으로는 경건한 모습을 하고 있지만 실제로는 그 안

에 어떤 종교적인 모습도 지니고 있지 않은 사람들이 얼마나 많이 있는지요? 그러한 모습을 통해서 그들은 하나님을 조롱하고 사람들을 기만하고 있는 것입니다. 그리스도께서 요한복음 8장 21절에서 말씀하신 사람들이 바로 그런 자들입니다. 그분께서는 그들이 자신의 죄 가운데서 죽을 것이라고 말씀하셨습니다. 그리고 이런 종류의 사람들을 향해서 많은 화가 있을 것이라고 말씀하셨습니다.

(4) 그리스도에 대한 믿음 없이 삶을 사는 사람들이 얼마나 많이 있는지요? 살든지 죽든지 믿음이 없이는 하나님을 기쁘시게 할 수 없습니다. 그리고 계속해서 그렇게 살아간다면 그는 결국 심판을 면치 못할 것입니다. 주님께서는 "믿지 아니하는 자는 하나님의 독생자의 이름을 믿지 아니하므로 벌써 심판을 받은 것이니라"(요 3:18)라고 말씀하셨습니다. 이제 이 모든 부류의 사람들을 제하고 나면 남아 있는 사람들은 채 얼마가 되지 않을 것입니다. 그 외에도 그리스도 안에서 죽음을 맞이하지 못하는 사람들이 너무나도 많다는 것을 입증할 충분한 이유와 근거들이 있습니다.

3. 이 슬픈 사실을 입증하는 세 번째 근거는 대부분의 사람들이 죽음을 맞는 일반적인 방식에서 끌어낼 수 있습니다. 방심 속에서 어리석고 무감각하게 죽어가는, 자신의 영혼의

불멸성에 대해서 한 번도 생각해 보지 않은 사람처럼 죽어가는 사람들이 얼마나 많이 있는지요! 얼마나 많은 사람들이 오만한 자신감 속에서 죽어가고 있는지요! 잘못된 근거에 바탕을 둔 채 자신의 죽음이 축복의 길로 가는 것이라고 믿고 있는 사람들이 또 얼마나 많은지요! 얼마나 많은 사람들이 자신의 미래가 어떻게 될지 전혀 알지 못한 채 많은 의심 속에서 죽어가는지요! 그리고 얼마나 많은 사람들이 절망 속에서 죽어가고 있는지요! 우리 중에는 그리스도 안에서 죽는 사람들처럼 평온한 죽음을 맞는 사람을 찾아보기가 너무나 어렵습니다. 주 안에서 죽는 것은 결코 흔한 일도, 평범한 일도 아닙니다.

이제 이 교리의 두 번째에 대해서 다루어야 할 때가 된 것 같습니다. 그리스도 안에서 죽음을 맞지 못하고 자신의 죄 가운데서 죽는 자들은 말할 수 없이 비참한 자들입니다. 그리스도 안에서 죽는 자들의 행복이 표현할 수 없을 정도로 큰 것이듯이 그분 안에서 죽지 못하는 사람들의 비참함과 불행 또한 말로 표현할 수 없을 정도로 큰 것입니다. 그들은 하나님과 그분으로부터 나오는 각양 좋은 것들로부터 제외되고 문밖으로 쫓겨납니다. 그리고 그분의 진노와 불 같은 화를, 영원토록 그들을 쫓아다니는 그분의 가장 혹독한 공의의 진노를 받게 될 것입니다.

우리는 다음의 두 가지 일반적인 주제를 가지고 그것에 관해서 간단히 생각해 볼 것입니다. 먼저, 그들은 인간이 상상할 수 있는 가장 최고의 행복으로부터 완전히 배제되고 격리됩니다. 둘째 그들은 인간이 상상할 수 있는 가장 극심한 비참함 속에 갇히게 됩니다.

그들은 최고의 행복으로부터 완전히 격리됩니다. 그것은 곧 최고의 선이신 하나님과의 교제로부터 격리되는 것을 의미합니다. 어린 양과의 다정한 대화도, 영광스러운 천사들과 성도들과 나누는 대화와 교제로부터도 완전히 격리됩니다. 그들의 주위에는 단 한 명의 성도도 찾아볼 수 없을 것입니다. 지옥에 있는 수천 명의 영혼들 중에 하나님의 사랑의 증거를 찾아볼 수 있는 자는 한 명도 없을 것입니다. 불꽃 가운데서 고통스러워하는 자들 중에서 어느 한 영혼도 그 손가락 끝에 물을 찍어 그 혀를 서늘하게 할 물 한 방울도 얻을 수 없을 것입니다(눅 16:24). 그들은 조금의 자비도 없는 심판을 받게 될 것이고 그것은 영원토록 잠시의 중단도 없이 계속될 것입니다. 그들은 결코 희미한 빛조차 볼 수 없을 것이고 고통의 경감도 받을 수 없을 것입니다. 그들은 밤이나 낮이나 잠깐의 휴식조차 누릴 수 없을 것입니다. 그것은 너무나도 고통스러운 일입니다. 그들에게는 그곳을 벗어날 출구도, 희망도 없습니다. 그 대신 영원한 고통만을 느끼는 철저한 절망 속에 놓여 있을 뿐입니다. 그들의 고통이 단지 몇 천 년 동안 계속되는 것이라면, 혹은 수십억 년 동안 계속되는 것이라면 지옥에서 심판받는 것이 그래도 나은 것일지 모릅니다. 비참한 스피라는 지옥이 이천 년 동안만 갇혀 있어야 하는 것이라면 오히려 위로가 되었을 것이라고 말했습니다. 그러나 그것은 영원히, 영원히 계속되는 시간입니다.

그리고 또 다른 면에서 그들은 가장 극심한 비참함 하에서 아무런 소망 없는 상황 속에 처해 있습니다. "그도 하나님의 진노의 포도주를 마시리니 그 진노의 잔에 섞인 것이 없이 부은 포도주라 거룩한 천사들 앞과 어린 양 앞에서 불과 유황으로 고난을 받으리니"(계 14:10). 포도주와 불과 유황 모두 그들의 음료와 고기가 될 것입니다. 그들과 함께 거하는 자들은 사탄과 그의 추종자들이 될 것입니다. 우리가 이런 것들을 진지하게 말하고 듣고 생각할 수 있다면 얼마나 좋을까요! 그 차이는 너무나 크고 놀라울 것입니다. 하나님의, 그리스도의, 그리고 그분의 천사들의 영광 안에서 함께 나누고 즐거워하는 대신 그들은 사탄과 그의 추종자들의 고통을 함께 나누게 될 것입니다. 하나님과 화목하지 못하고 그분과의 불화만을 추구하며 하나님과 영원토록 화해할 수 없는 적대 관계에 놓여 있는 것이 인간이 처할 수 있는 너무나도 악한 아니, 가장 최악의 상태라면 비록 그런 고통을 당하는 인간 안에 그분에 대한 열정이 전혀 없이 단지 두려움만을 가지고 있다 해도 그리스도 안에 거하지 않는 자들의 상태가 얼마나 상상할 수 없을 만큼 악하고 비참한 것인지에 대해서는 온전하게 말로 표현한다는 것 자체가 불가능할 것입니다. 그리고 우리 중 많은 사람들이 어쩌면 그러한 상태에 처하게 될 위험에 놓여 있는지도 모르겠습니다.

— 적 용 —

권고를 위해. 자신이 어떻게 죽느냐의 문제를 가볍고 사소한 문제로 여기지 마십시오. 또한 자신이 그분 안에서 죽을 것이라는 근거를 확실하게 하는 것을 가장 진지한 노력을 기울일 만한 가치가 없는 일이라고 여기지 마십시오. 천국을 얻고 지옥을 피하는 것이 우리에게 있어서 중요한 문제라면, 하나님의 친구가 되고 사탄의 종이 되지 않는 것이 중요한 문제라면, 영원토록 하나님에 대한 사랑만을 품고 미움을 품지 않는 것이 중요한 문제라면, 그리고 우리를 향한 하나님의 사랑만을 받고 영원토록 그분의 미움을 받지 않는 것이 중요한 문제라면, (왜냐하면 죽음은 그 균형을 깨뜨리기 때문입니다.) 그렇다면 전자를 얻고 후자를 피할 수 있는 것에 당신의 온 힘을 기울여 진지해지십시오. 그리고 그리스도 안에 거하고 그분 안에서 삶을 살며 죽는 것에 의하지 않고는 그것을 얻을 수 있는 길이 없음을 깨달으십시오.

훈계를 위해. 이것은 무감각하게 방심하고 있는 다수의 사람들에게 경종을 울리고 훈계하는 역할을 합니다. 그들은 믿음을 고백한 자들이지만 가장 중요한 질문에 대해서, 즉 자신들이 주 안에서 죽게 될 것인지에 대해서 분명하고 확실하며 만족스러운 대답을 찾아내는 일에는 철저하게 무관심한 사람들입니다. 분명 당신의 영혼이 그 몸을 떠날 때 자신이 이 문제에 대해서 돌이킬 수 없는 치명적인 오류를 범했음을 발견할 자들이 우리 중에도 많이 있을 것입니다. 우리 중에 그토록 무분별하고 어리석으며 무관심한 자들이 처하게 될 비통한 처지에 대해서 우리가 안타까워하고 애통해 한다면 다가올 삶에 대해서, 그리고 예수 그리스도를 통한 하나님과의 화목을 이루는 일의 필요성에 대해서 어떤 말을 들었든 마치 나무토막이나 바위에 대고 이야기하는 것과 마찬가지일 뿐인 상황은 되지 않을 텐데 말입니다. 그러나 안타깝게도 우리 중에는 그와 같은 결과를 가져올 자들이 많이 있습니다. 자신의 패역함과 형식주의, 위선과 안전 불감증을 버리지 않기 때문입니다. 우리 중에 은혜를 통해서 자신의 잘못된 점을 보수하고 더 늦기 전에 진지하게 주 안에서 죽는 것에 대해서 배우려고 마음을 쏟는 자가 누구입니까? 그래도 여전히 그 모든 것에 무관심하고 나태한 태도로 일관한다면 당신은 결국 죽음과 하나님의 두려운 심판대 앞에서 더 깊고 더 아프고 더 고통스러운 질문들을 직면하게 될 것입니다.

질문 그토록 많은 사람들이 그리스도 안에서 죽음을 맞이하지 못하는 이유가 무엇입니까? 그들이 아무런 행복도 소유하지 못하고 오직 견딜 수 없는 고통과 비참함만을 느껴야 하는 이 상황이 어떻게 가능합니까? 왜 그토록 많은 사람들이 그분 안에서 삶을 살고 죽음을 맞이하는 길을 택하지 못합니까? 왜 극소수의 사람들만이 그분을 위한 삶을 살고 그분 안에서 죽는 길을 택하게 되는 것입니까?

대답 이 질문에 대한 대답을 더 광범위하고 심도 있게 끌어가게 되면 결국 왜 사람들이 거룩함을 추구하는 것을 거부하고 패역한 자가 되려고 하는지, 그리고 왜 그들이 복음을 무시하고 세상과 스스로의 탐욕을 끌어안으려고 하는지의 문제로까지 나가게 될 것 같습니다. 그러나 그런 일반적인 문제들로 나가지 않기 위해서 좀더 구체적이고 상세하게 이 문제, 즉 왜 그토록 소수의 사람들만이 주 안에서 죽는가에 대해서 한두 마디의 말씀으로 정리하려고 합니다.

근거 1. 천국과 지옥이 있고 죽음 뒤에는 영원한 생명과 심판이 있다는 이러한 일반적인 진리에 대한 믿음은 복음을 듣는 다수의 사람들에게는 거의 받아들여지지 않습니다. 그렇습니다. 자신의 죽음과 같은 구체적인 믿음은 (비록 그들도 자신이 죽게 될 것을 알고 있고 수많은 경험들이 그것을 가르쳐 주고 있지만) 그들의 심령 깊숙한 곳까지 파고들지 못합니다. 자신이 죽게 될 것과 심판대 앞에 서게 될 것에 대하여, 그리고 자신이 죽음 뒤에 영원하고 불변하는 상황에 놓이게 될 것에 대하여 구체적으로 믿는 사람이 얼마나 될까요? 그러나 만일 이것을 진정으로 믿고 있지 않다면 고린도전서 15장에 나오는 사도 바울의 말처럼 우리의 설교도, 우리의 전파하는 것도 헛것이요, 또 당신의 믿음도 헛것입니다 (15:14). 앞서 언급했듯이 이런 것들은 잘 믿어지지 않습니다. 왜냐하면 비록 모든 사람이 자신들이 죽게 될 것을 믿는다고 고백하지만 오늘도 내일도 또 그 다음날도 계속해서 이 문제를 진지하게 생각하고 진실로 믿으며 사는 사람들은 그리 많지 않기 때문입니다. 사실상 그들은 영원토록 이 세상에서 살 것처럼 인생을 살아갑니다. 그리고 그것은 수많은 영혼들을 파멸시키는 근본적인 죄악 혹은 죄악의 근본이라고 할 수 있습니다. 대부분의 사람들은 마태복음 24장에서 언급하고 있는 노아의 시대 사람들과도 같습니다. 그들은 먹고 마시고 장가들고 시집가면서 홍수가 나서 저희를 다 멸하기까지 깨닫지 못했습니다.

사람들이 죽음과 심판, 하나님과의 구체적인 계수함에 대해서 진지하게 생각하고 있었다면, 그리고 진정으로 이런 것들을 믿고 있었다면 죄악에 물든 자신의 탐욕과 쾌락 속에서 그렇게 향락에 빠져 있는 것이 가능할까요? 그리고 이 세상에 대한 강한 애정과 집착에 함몰되어 있는 것이 가능할까요? 단언하건데 결코 그럴 수 없습니다. 죽음과 심판에 대한 생각만으로도 이런 것들에 대해 신물을 느끼고 쓰디쓴 고통만을 맛보게 될 것이기 때문입니다.

근거 2. 두 번째 근거는 바르게 죽는 길에 대한 사람들의 잘못된 생각으로부터 끌어낼 수 있습니다. 그들은 주 안에서 죽는 것을 실제와는 완전히 다른 것으로 받아들입니다. 그들이 다른 모든 거룩한 의무들을 잘못 생각하고 있듯이 이것 또한 잘못 생각하고 있기 때문입니다. 그들은 그것을 회개로, 믿음으로, 거룩함으로 간주합니다. 그러나 그것은 실제로는 회개도 아니며 믿음도, 거룩함도 아닙니다. 그들은 실제로는 그분 안에서 죽는 것이 아닌 것을 주 안에서 죽는 것으로 여깁니다.

저는 여기에서 많은 사람들이 주 안에서 죽는 것으로 여기고 있는 네 가지의 완전히 잘못된 생각에 대해서 다룰 것입니다.

그들은 자신들이 어떤 악한 평판이나 공적으로 드러난 죄가 없이 죽는다면, 자신들이 무덤까지 지킬 수 있는 스스로에 대한 뻔뻔스러운 기만과 선한 평판을 얻을 수만 있다면, (마치 "주여 주여, 열어 주소서!"라고 말하는 것만으로 충분하다고 생각하는 것처럼) 자신들이 시편 73편 4절에서 언급되고 있는 사람들처럼 잠잠히 떠나갈 수만 있다면, 그리고 자신들이 죽는 때에도 고통이 없고 그 힘이 건강하다면 자신들이 잘 죽는 것이라고 생각합니다. 그러나 그것은 대단히 엄청난 착각입니다.

그들은 자신이 죽은 후에도 잘될 것이라는 소망을 가지고 죽는다면 자신이 잘 죽는 것이라고 생각합니다. 그리고 이 점에 대해서 그들은 강력하게 논쟁하려고 할 것입니다. 그들은 그리스도께서 오셔서 자신들이 미혹당했다고 말씀하신다고 해도 그분의 말씀을 믿으려고 하지 않을 것입니다. 오히려 그들은 그분께서 착각하신 것이며 자신이 그분이 알고 있는 그 사람이 아니라고 주장하려고 할 것입니다. "뭐라고요? 우리가 당신의 임재 안에서 떡을 먹고 포도주를 마시지 않았다고요? 우리가 거리에서 당신이 말씀하시는 것을 들어 본 적이 없다고요? 우리가 설교와 성도간의 교제의 자리에 있어 본 적이 없다고요? 우리는 항상 하나님을 향한 선한 소망을 품고 있었단 말입니다. 그런데 왜 우리가 이제 죽음을 두려워해야 한다는 말입니까?" 이런 생각을 품고 죽는 사람들은 얼마나 지독한 착각 속에서 죽는 것이란 말입니까? 이것은 실로 엄청난 착각입니다.

  어떤 사람들은 자신이 기도나 회심을 한 후에 죽는다면 (그것도 물론 자신들이 생각하기에 회개라고 생각하는 것이기는 하지만) 모든 것이 잘될 것이라고 생각합니다. 만약 그들이 실제로 그런 것이라면 그것은 정말로 선한 것입니다. 그러나 얼마나 많은 사람들이 터무니없게도 그런 모습 뒤에 위선적인 태도를 숨기고 있는지 모릅니다. 자신이 죄에 대해서 약간의 죄책감을 가지고 있다는 이유만으로, 혹은 약간의 두려움과 근심을 품고 있다는 이유만으로 스스로 회개의 은혜를 받았다고 상상하는 사람들이 적지 않습니다. 그러나 그들은 정작 자신들의 부패한 본성에 대해서는 단 한 번도 진지하게 생각해 본 적이 없습니다. 그리고 그 문제에 대해서, 하나님과 자기 자신 사이에 있었던 불화에 대해서 그것을 피하기 위한 피난처로 그리스도께 도망쳐 본 적도 없는 사람들입니다. 오히려 그들은 자신의 인간적인 슬픔을 발작적으로 느끼며 그 두려움으로부터 도망칠 뿐입니다. 그리고 그것은 또 다른 엄청난 실수이며 착각입니다.

어떤 사람들은 자신의 종교적인 면을 강력하게 내세웁니다. 그리고 자신이 사람들과 좋은 관계를 맺고 하나님을 향해서도 종교적인 형식을 하나도 빠짐없이 지킨다면 그것으로 자신이 갖춰야 할 충분한 자격을 갖춘 것이라고 생각합니다. 죽음의 순간에 그렇게 어리석은 일을 해서 자신을 망치는 사람들이 얼마나 많은지요!

근거 3. 잘 죽는 것에 대해서 올바른 생각과 이해를 가진 사람들이 많이 있습니다. 그러나 그들은 그것을 실제 생활로 끌어 오려는 노력에는 단 한 번도 진지해 본 적이 없습니다. 사실, 그들은 자신의 생각과 삶이 일치하기를 구해 본 적도 없습니다. 요컨대 그들은 세상에 대한 부패한 애착이라는 보호막을 침으로써 그 생각을 아예 가두어 버립니다. 그들은 그 탐욕과 죄가 완전히 자신을 지배하게 내버려 두든지 아니면 한동안 그 지배로부터 벗어나 있게 됩니다. 그리고 그 시간이 지나고 나면 탐심을 버리고 비로소 죽음에 대해서 진지하게 생각해 보겠다고 마음먹습니다. 그러나 그들은 그것을 버리지도 못하고 죽음을 예비하지도 못합니다. 그들은 먼저 자기 가족들의 처지를 돌봐야 합니다. 그들은 자기 아이들을 돌봐야 하고 그들이 살아갈 수 있도록 길을 마련해 주어야 합니다. 그들은 먼저 자신의 이런 저런 일부터 살펴보아야 합니다. 그런 태도가 자신의 마음을 단단하게 만들 뿐이고 하루하루 점점 더 자신이 그런 것들의 노예가 되어가고 있다는 것을, 그리고 심판의 날이 자신의 시간이 다 되기 전에 갑자기 덮칠 것이라는 것을 알지도, 생각하지도 못한 채 말입니다. 거룩함이라는 곧은 길이 필수적으로 가야할 길이라는 것을 부인하지 않는 사람들이 많이 있습니다. 그러나 그들은 그 길을 가려고 하지는 않습니다. 그들은 아직 그 길에 대해서 진지해질 만큼 자신을 이길 힘이 없습니다. 그들은 주인이 더디 오리라 하여 노비를 때리며 먹고 마시고 취하며 흥청거렸던(눅 12:45) 게으르고 악한 종과도 같습니다. 그러나 생각지 않은 날 알지 못하는 시간에 이 종의 주인이 이르게 되면 주인은 그 종을 엄히 때리고 신실치 아니한 자의 받는 율에 처하게 할 것입니다(눅 12:46). 그것이 우리 대부분의 모습이 아닙니까? 그리스도께서 좀더 나중에 오실 것이라고 생각하며 미룰 수 있을 때까지 최대한 그 일을 미루려고 하는 모습 말입니다.

근거 4. 죽음과 관계된 것들이나 혹은 죽음의 순간에 자신이 어떤 죽음을 맞이하게 될지에 대해서 관심을 기울이는 사람은 극히 적습니다. 소수의 사람들만이 자신을 살피고 자신이 지나온 시간들을 뒤돌아봅니다. 따라서 자신이 처해 있는 위험이 어떤 것인지 알지 못하는 사람들은 너무나 많습니다. 자기 성찰이 지닌 많은 유익 중에서 다음은 특별한 것입니다. 그것은 하나님의 축복을 통해서 우리를 놀라울 정도로 하나님 안에서 죽는 자가 되기에 합당한 자로 만듭니다. 반면 그것을 경시할 때 영혼은 여전히 헛된 방심 속에서 편안히 잠을 자고 있을 뿐입니다. 그들은 자신의 위험을 알지도 못하고 자신이 치료가 필요한 자라는 것을 인식하지도 못합니다. 그들의 모든 기도는 말하자면, 추측과 우연에 의한 것일 뿐입니다. 또한 그들은 자신이 매달리고 힘써야 하는 어떤 의무 속에서도 위로를 발견하지 못합니다. 저는 당신이 알아서 피할 수 있도록, 그와 동시에 삶의 실천을 위해서 당신이 몇 가지 지침과 의무를 끌어낼 수 있도록 하기 위해서 다음의 것들을 말하려고 합니다.

지침으로 사용. 영원한 행복이 달려 있기에 주 안에서 죽는 것이 너무나 중요하다는 것을 깨달으면서 죽음이 찾아왔을 때 그분 안에서 죽을 수 있도록 당신이 그분 안에서 삶을 사는 문제에 진지하게 마음을 기울이십시오. 당신이 그 행복을 얻고 지금까지 말한 비참함을 피하기를 원한다면 죽음이 그분 안에 있는 당신을 발견할 수 있도록 삶을 사십시오.

이것을 강조하고 확실히 하기 위해서 다음 세 가지를 간단히 말하겠습니다. 먼저, 주 안에서 죽는다는 것, 둘째, 주 안에서 죽음을 맞이할 것이라는 소망 안에서 스스로를 견고히 위로하는 모든 사람이 삶 속에서 지침으로 삼고 살아온 몇 가지 규칙과 지침들, 셋째, 주 안에서 죽는 자들의 위안을 소유하기를 원하는 자들이 이러한 지침과 생활 방식을 취해야 할 필요성, 그리고 이것을 조금도 지체하지 않고 즉시 행동으로 옮겨야 할 필요성입니다.

주 안에서 죽는 것과 함께 오는 혹은 그분 안에서 죽는 자들을 따라오는 세 가지 속성이 있습니다. 그리고 그것이야말로 모든 사람이 가장 부러워할 만한 것입니다. 첫째는 기꺼이, 즐겁게 죽는 것입니다. 감옥에 가듯이 죽음을 향해 가는 것이 아니라 황홀함을 통과해서 궁전에 가듯이 말입니다. 그것은 누가복음 2장에서 늙은 시므온이 말했던 죽음과 같은 것입니다. "주재여 이제는 말씀하신 대로 종을 평안히 놓아 주시는도다 내 눈이 주의 구원을 보았사오니"(2:29, 30). 비록 죽음이 두려움의 왕이기는 하지만 그는 그것을 향해 한시라도 빨리 갈 수 있기를 바랬습니다. 그것은 또한 사도 바울이 바라던 죽음이기도 합니다. 그는 무엇보다도 자신이 소멸되어 그리스도와 함께 있기를 갈망했습니다.

그것은 우리가 어떻게 될 것인가에 대한 깊은 회의와 의심 속에서 논쟁하며 두려움과 공포 속에서 맞이하는 죽음이 아니라 천국에 거할 집을 확실하게 믿으며 거룩한 확신과 담대함을 가지고 맞는 죽음입니다. 사도 바울은 다음과 같이 말했습니다. "만일 땅에 있는 우리의 장막집이 무너지면 하나님께서 지으신 집 곧 손으로 지은 것이 아니요 하늘에 있는 영원한 집이 우리에게 있는 줄 아나니 과연 우리가 여기 있어 탄식하며 하늘로부터 오는 우리 처소로 덧입기를 간절히 사모하노니"(고후 5:1, 2). 그는 죽음의 순간은 단지 그가 누리게 될 영원한 행복의 시작에 불과하다는 것을 확신했습니다. 그리스도 안에서 맞는 죽음은 인간으로 하여금 담대하게 죽음과 그것이 몰고 오는 모든 두려움을 직면하게 만듭니다.

그것은 평강과 고요 속에서뿐만 아니라 만족과 기쁨 속에서 맞이하는 죽음입니다. 그래서 영혼이 더는 바랄 것이 없을 만큼 모든 소망이 이루어졌다면 인간은 자신이 좋고 풍성한 땅으로부터, 멋지고 넓은 집으로부터, 친구들과 친척들로부터, 이 세상의 명예와 평판으로부터 떠나게 되는 것에 대하여 분을 내거나 불평하지 않습니다. 대신 그는 아름다운 유산을 바라볼 자신의 권리에 대하여 온전하게 만족하면서 죽음을 맞습니다. 우리는 이것을 사무엘하 23장 5절에서 아름답게 말하고 노래하는 다윗에게서 볼 수 있습니다. "내 집이 하나님 앞에 이 같지 아니하냐 하나님이 나로 더불어 영원한 언약을 세우사 만사에 구비하고 견고케 하셨으니 나의 모든 구원과 나의 모든 소원을 어찌 이루지 아니하시랴." 그러므로 그는 시편 23편에서 단호하게 걸어갈 것을 선포합니다. "내가 사망의 음침한 골짜기로 다닐지라도 해를 두려워하지 않을 것은 주께서 나와 함께하심이라"(23:4).

죽음을 즐거움과 확신에 차서 담대하게, 만족과 기쁨 속에서 맞이하는 것은 결코 가볍게 취급할 문제가 아닙니다. 그러나 이런 태도의 바탕은 결코 무분별함에서 흘러나오는 위선적인 태도도 아니며 남자다운 정신에서 비롯된 인간적인 용기도 아니고 세상적인 안락함도 아닙니다. 오히려 그것은 다음의 세 가지 풍성한 근거로부터 흘러나오는 것입니다.

첫째, 그것은 예수 그리스도를 통하여 하나님과 누리는 화평으로부터 흘러나옵니다. 그때 영혼은 실제로 예수 그리스도를 피난처로 삼아 그분께로 달려가 스스로를 그분께 맡깁니다. 믿음은 그것이 선하고 확실하며 영원한 계약이라고 말합니다. 따라서 인간은 그것에 의지하여 평강을 얻습니다.

둘째, 그것은 좋은 증거를 제공하는 선한 양심으로부터 흘러나옵니다. 그것은 하나님의 심판 앞에 나올 수 있는 탁월한 근거가 됩니다. 과오가 없는 인생을 살려고 노력했다는 관점에서나, 혹은 비록 그런 관점에서 선한 양심을 소유하지 못하고 오히려 많은 실패와 실수로 얼룩진 인생을 살았다고 할지라도 그의 양심이 예수님의 피로 모두 깨끗이 씻겨졌다는 관점에서 인간은 선한 양심의 증거를 필요로 합니다. 그것을 통해서 그의 모든 실패와 허물이 용서를 받고 거룩함을 추구하는 진실한 노력이라는 선한 양심을 부여받게 되기 때문입니다.

셋째, 그것은 살아 있는 깨끗한 영혼의 그릇으로부터 흘러나옵니다. 그것을 통해서 믿음은 죽음 속에서도 영혼이 곧 만나게 될 그리스도와, 그분과의 영원한 언약에 실제적인 행위를 합니다. 이 세 가지 사이에는 분명한 차이점이 있습니다. 그 중 첫 번째 것은 단순하지만 절대적으로 필요합니다. 그리고 앞에서 언급한 두 가지 관점에서 볼 때 두 번째 것 또한 필요합니다. (믿는 자도 불같이 화를 발하고 있는 중에 혹은 혼수상태에 빠져 있는 동안 죽을 수 있기 때문입니다.) 그러나 그것은 하나님의 뜻과 섭리에 대한 순종으로서 언제나 추구해야 하는 것입니다. 그리고 그것은 그리스도와 은혜의 언약에 이르게 하는 분명한 길에서 믿음의 행동을 할 수 있도록 믿는 자의 확신과 위로에 커다란 도움을 줍니다.

이것은 죽음을 맞이하는 아주 복된 조건이므로 우리 중에 이러한 죽음을 바라지 않을 사람은 아무도 없을 것입니다. 그러나 중요한 것은 대부분의 사람들은 그것을 얻을 수 있는 바른 길을 택하지 않는다는 것입니다.

따라서 당신이 은혜의 능력 안에서 진지하게 지켜야 할 지침에 대해서 간략히 말하겠습니다. 그 은혜가 없이는 죽음의 순간에 바른 근거를 둔 확신을 가지고 자신에게 위로와 죽음을 따라오는 축복을 약속할 수 없기 때문입니다.

저는 먼저 주 안에서 죽는 길이 아닌 것에 대해서 말할 것입니다. 그런 다음 당신이 걸어가야 할 바른 길을 제안하겠습니다.

외적 고요함 속에서 죽는 것이나 주위에 모든 친구들이 지켜보는 가운데 죽는 것, 혹은 고통이나 질병이 거의 없는 잠잠함 속에서 죽는 것은 결코 주 안에서 죽는 것이 아닙니다.

많은 이교도들과 세상적인 사람들, 많은 위선자들이 그와 같은 죽음을 맞이했습니다. 그것은 흔히 볼 수 있는 모습이며 수많은 사람들이 그렇게 아무 말 없이 죽음의 구덩이 속으로 미끄러져 들어갔습니다.

또한 단지 주 안에서 죽기를 바라는 마음을 갖는 것만으로는 결코 주 안에서 죽는 죽음이라고 말할 수 없습니다. 물론 그것을 바라는 마음을 갖는 것은 대단히 좋은 일입니다. 그러나 가장 비참한 죽음을 맞은 발람도 그 단계까지는 갔습니다(민 24). 그러나 이것은 사람들의 종교심 안에서도 흔히 찾아볼 수 있는 것입니다. 아니, 그것이 그들의 종교의 전부라고 해도 과언이 아닐 것입니다.

주 안에서 죽게 해 달라고, 하나님과 좋은 친구가 되게 해 달라고 냉랭한 마음으로 기도하는 것은 주 안에서 죽는 것이 아닙니다. 자신이 세상을 떠나야 함을 깨달으며 지옥보다는 천국에 있는 것을 원하지 않을 사람은 단 한 사람도 없습니다. 그리고 그렇게 될 수 있도록 자신이 할 일을 찾고 그것을 위해서 기도하지 않을 사람도 없습니다. 그러나 그것은 그들의 운명을 바꿀 수 없을 것입니다. 왜냐하면 많은 사람들이 들어가기를 구하여도 못하는 자가 많을 것이기 때문입니다(눅 13:24). 단 한 번도 그곳으로 가는 올바른 길을 걸어 본 적도, 걷기를 즐겨해 본 적도 없으면서 그들은 천국으로 가기를 기도하는 것입니다.

외적인 거룩함을 지니려고 애쓰고 설교를 들으며 집회와 모임에 빈번히 참석하는 것은 주 안에서 죽는 것이 아닙니다. 만일 그것이 그가 하는 전부라면 그것만으로는 결코 그의 운명을 바꿀 수가 없습니다. 우리가 설교 말씀을 듣고 성찬식에 참여하는 것만으로는 충분하지가 않습니다. 절반뿐인 거룩함은 거룩함이 아닙니다. 거의 그리스도인 된 것은 우리를 진정한 그리스도인으로 만들어 주지 못합니다. 철저하고 완전한 그리스도인이 되어야만 합니다. 절반의 거룩함을 소유하고 거의 그리스도인이 되는 것은 절반의 구원을 얻는 것에 지나지 않습니다. 그리고 그것은 결코 구원이라고 할 수 없습니다. 오히려 그것은 영원한 심판으로 이끌 뿐입니다. 따라서 그것은 결코 주 안에서 죽는 것이라고 말할 수 없습니다.

우리 자신의 마음속에서 (비록 그것이 잘못된 근거를 바탕으로 한 것이기는 하지만) 우리가 그분 안에 있고 모든 것이 잘될 것이라고 자신을 설득하는 것 또한 주 안에서 죽는 것이 아닙니다. 많은 사람들이 자기 자신은 좋고 평탄하고 안전한 상태에 있다고 착각합니다. 그것은 그들이 그렇다고 믿으며 상상하기 때문입니다. 그들은 자신이 처한 상황이 매우 좋지 않다는 것을 받아들이려고 하지 않습니다. 주 안에서 죽는 것이 되려면 그것은 반드시 하나님의 심판을 견뎌 내는 것이어야 합니다. 그리고 하나님의 심판을 견뎌 내고 인정받는 사람은 스스로 자신을 추천하는 사람이 아니라 하나님께서 추천하시는 사람입니다.

질문 당신은 이렇게 질문할 것입니다. 그렇다면 어떻게 하면 주 안에서 죽는 길을 갈 수 있습니까?

대답 저는 약속한 대로 주 안에서 죽기 위해서 걸어가야 할 몇 가지 규칙들을 권하고자 합니다.

1. 그리스도에 대한 믿음을 통해서 하나님과 화평을 이루십시오. 그리고 당신이 하나님과 당신 사이의 변하지 않는 불화 속에서 살고 있지 않음을 확실하게 하십시오. 우리가 그분과 하나로 연합되는 것은 바로 믿음으로 말미암기 때문입니다. 그리고 믿음이 없이는 우리가 그분 안에 거하는 것도, 그분 안에서 죽는 것도 불가능한 것이 되어 버리기 때문입니다.

2. 그리스도에 대한 믿음을 소유하고 그분을 통해서 하나님과 화평을 이룰 뿐만 아니라 당신이 믿는 분이 어떤 분인지를 확실하게 알기 위해서 당신이 그 화평을 소유하고 있음

을 확실하게 아십시오. 이 화평은 전자처럼 본질적인 것은 아니지만 그것이 없이는 평안하고 확신에 차서 죽는 것은 거의 불가능하기 때문입니다. 따라서 그리스도인들은 다음과 같은 권면을 받습니다. "그러므로 형제들아 더욱 힘써 너희 부르심과 택하심을 굳게 하라"(벧후 1:10).

3. 모든 것과 하나님과 사람들을 향해서 항상 선한 양심을 지키기 위해 힘쓰십시오. 사람들이 평생 동안 선한 양심을 지키려고, 말씀의 법과 자신의 삶을 일치시키려고, 그리고 자신의 신앙 고백에 합당한 삶의 길을 걸어가려고 집중하여 애쓰지 않는다면 잘 죽는 것은 불가능합니다. 이 세 가지 모두 베드로후서 1장 5절에서 베드로 사도에 의해 포괄적으로 제시되고 있습니다. 그는 자신의 편지를 읽는 사람들에게 성령의 은혜의 훈련에 그들의 믿음을 더하기를 원합니다. 그런 다음 10절에서 그들에게 더욱 힘써 그들의 부르심과 택하심을 굳게 하라고 권면합니다. 그리고 그렇게 함으로써 영원한 나라에 들어감을 넉넉히 얻을 것이라고 확신시켜 줍니다. 그것은 마치 그가 다음과 같이 말하는 것과 같습니다. "그리스도께 너희 믿음을 단단히 묶고, 은혜의 열매들을 힘써 훈련하며, 너희의 부르심과 택하심을 확실하게 하기 위해 노력하면 죽음 앞에서 천국으로 들어가는 넓은 문이 너희에게 열릴

것이다. 그리고 너희들은 너희 생명을 맡길 가장 큰 위로와 확신을 소유하게 될 것이다." 그와 반대로 그리스도인들이 그들의 믿음을 단단히 고정시키는 일과 은혜의 훈련과 그들의 부르심과 택하심을 단단히 하는 일을 소홀히 여길 때 그 문은 협소하고 들어가기가 어려워질 것입니다. 또한 이런 것들을 완전히 무시하는 사람들은 전혀 들어갈 수 없도록 그 문이 완전히 닫혀져 있는 것을 발견하게 될 것입니다.

이 세 가지 말씀, 즉 믿음으로 말미암아 그리스도인이 되는 것, 하나님과 사람들을 향해서 선한 양심을 지키며 믿음과 은혜의 훈련을 통해서 그분 안에서 사는 것, 부르심과 택하심을 단단히 하기 위해서 당신은 평생 동안 땀 흘려 수고해야 합니다. 그리고 그 말씀들은 또한 그리스도 안에서 죽을 것이라는 소망과 기대감으로 헛되이 즐거워하면서 정작 그분 안에 거하고 그분 안에서 삶을 살아가는 길을 택하지 않는 사람들에게 죄를 깨닫게 할 것입니다. 우리는 의를 덧입기 위해서 그분께 붙어 있을 수 있고 철저하게 우리 자신의 의는 부인해야 한다는 것에 만족하면서 그리스도의 제안을 진심으로 받아들입니다. 그리고 부지런히 그 길을 걷고 새로운 성품과 삶의 열매를 맺음으로써 그분과 연합을 이루었다는 증거를 얻습니다.

의를 위한 믿음의 훈련과 성화를 위한 은혜의 훈련을 바르게 하며 죽음이 오기 전 우리 자신을 바르게 세우는 것이야말로 우리가 여기에서 다루는 본질이자 핵심이며 우리의 구원으로 들어가는 문이라고 할 수 있습니다. 그러나 우리 중에 이 길을 걷기 위해서 아무런 노력도 기울이지 않은 채 여전히 세상적인 옛 길을 걸어가는 자들은 그리스도를 믿는 믿음으로부터 흘러나오고, 그분 안에서 함께 삶을 살아가는 것으로부터 흘러나오는 은혜와 위로를 기대할 수 없습니다. 그리고 이 은혜와 위로는 그분 안에서 죽으며 그분과 함께 다스리는 것을 아는 것에서 비롯됩니다. 지금 이 순간 이 말씀을 축복하셔서 귀하게 사용하여 주옵소서!

4
주 안에서 죽음을 맞기 위한 지침

"주 안에서 죽는 자들은 복이 있도다"(계 14:13).

가장 영적이고 가장 중요한 진리에 대해서 말하고 듣는 것은 그것을 삶 속에서 실천하는 것과 비교한다면 오히려 쉬운 일입니다. 그래서 그것에 대해서 말하고 듣는 사람들은 많아도 그것을 실천하는 사람은 극히 적은 이유가 바로 그 때문입니다. 진리나 의무가 우리를 세상으로부터 분리시키려고 우리에게 탐욕과 욕구를 억제하라고, 혹은 우리로 하여금 죽음을 준비하라고 더 가까이 압박해 다가올수록 우리는 그것을 실천에 옮기고 그것과 더 밀접한 관계를 갖기를 싫어하게 됩니다. 삶을 살아가면서 동시에 죽는 것은 힘든 일입니다. 삶을 살고 있는 모든 사람이 결국은 죽음을 향해서 달려가고 있는 것이지만 말입니다. 따라서 다음에 이어질 내용이 당신의 삶의 실천과 관계된 것이라면, 그리고 그것이 이 위대한 교리의 가장 실질적이고 주된 사용이라는 것을 깨닫는다면 부지런히 귀를 기울여 들으십시오. 그리고 이 중요한 주제에 대해서 제가 하나님으로부터 당신에게 전달하는 말씀에 실천하려는 진지한 목적과 결단을 가지고 귀를 기울이십시오. 그렇게 하지 않는다면 그것이 당신에게 전혀 유익이 되지 않을 것이기 때문입니다. 그러므로 은혜를 통해서 들을 수 있도록, 그리고 당신에게 너무나도 중요하고 영원히 계속되는 문제를 지켜나갈 것을 확고하게 결단할 수 있도록 자신을 준비시키십시오.

저는 앞에서 죽음이 찾아왔을 때 당신이 견고한 근거를 가지고 주 안에서 죽는 것에 관한 소망을 품을 수 있도록 삶을 살아가는 올바른 길을 권했습니다. 그리고 그분 안에서 죽는 것이 어떤 것인지에 대해서 말했습니다. 또한 견고한 믿음과 그리스도에 대한 분명한 사랑을 소유한다는 것이, 우리가 죽음과 함께 들어올려질 때 가장 바람직하고 위로받는 상태에서 활기와 위안, 평안과 만족을 소유한다는 것이, 그리고 우리가 그분 안에 거하고 그분 안에서 죽게 될 것이라는 확신을 소유한다는 것이 어떤 것인지에 대해서 보여 드렸습니다.

저는 그때 몇 가지 지침을 말했는데, 주 안에서 맞이하는, 위로 가득한 죽음을 얻기 위해서 밟아야 할 많은 단계들이 있습니다. 이제 저는 그 단계들에 대하여 하나님의 은혜의 도우심을 통해서 좀더 깊이 살펴보기를 원합니다. 지침에 보다 구체적으로 들어가기 전에 다음 몇 가지를 보여 드렸습니다. ⑴ 믿음을 통해 그리스도께로 피하십시오. 믿음으로 말미암아 그리스도를 통해서 하나님과 화평을 이루십시오. ⑵ 우리는 선행을 통해서 우리의 부르심과 택하심을 단단히 하기 위해 힘써야 합니다. 하나님 앞에서 우리를 의롭다 하심이 그것에 전적으로 달려 있지는 않다 할지라도 우리의 위로와 확신의 커다란 부분이 그것에 달려 있기 때문입니다. 그리고 그것을 확실하게 하기 위해서 애쓰는 것은 틀림없는 우리의 의무입니다. ⑶ 그리스도께서 다시 오실 때 우리가 선한 양심을 소유할 수 있게 해 주는 거룩한 삶이 있어야 합니다. 양심의 가책과 빛을 거역하는 죄가 있는 곳에 담대함과 확신이 있을 수 없기 때문입니다.

만약 제가 당신이 좋은 죽음을 맞을 수 있도록 삶을 사는 법에 대해서 좀더 구체적으로 말하고자 한다면, 그리고 이 목적을 위해서 말할 수 있는 모든 것을 말할 수 있다면, 모든 거룩한 의무와 우리 삶의 모든 조건들에 대해서 질병과 건강, 번영과 역경, 특별한 부르심과 일반적인 부르심, 삶의 모든 사건들에 관해서 말해야 할 것입니다. 우리가 이런 것들 속에서 살아가듯이 또한 이런 것들 속에서 죽음을 맞게 될 것입니다. 그러나 이런 것들은 일반적인 것들이기 때문에 언급하지 않고 지나갈 것입니다. 다만 이 교리의 커다란 목적으로서 그리스도 안에서 죽는 것에 관해서 몇 가지 지침들을 제안하겠습니다.

지침 1. 당신의 죽음과 관계 있는 이런 일반적인 진리에 대한 믿음 안에 당신 자신을 세우기를 구하십시오. 특별히 죽음, 심판, 영원함에 대한 믿음 안에 온전히 세워지고 확신을 갖게 해 달라고 구하십시오. 그 안에서 당신은 영원한 축복과 영원한 저주 사이에서 선택해야 할 것입니다. 이것은 당신이 죽게 될 것과 죽은 후에 심판 앞에 나올 것, 그리고 영원한 축복과 비참함 속에 거하게 될 것이라는 것과 같은 진리에 대한 일반적인 깨달음을 갖는 것뿐만 아니라 묵상을 통해서 그것들을 당신 자신의 삶 속에서 구체적으로 적용하게 되는 것입니다. 이미 말했듯이 무신론을 부추기고 자라나게 하는 커다란 악행들 중 하나는 인간이 영원히 죽지 않을 것처럼 산다는 것입니다. 따라서 죽음과 심판, 영원한 세상에 대한 진리를 견고하게 믿는 것은 좋은 삶을 사는 바탕이 됩니다. 그리고 자신이 죽을 것이며 심판 앞에 나올 것이라는 생각을 붙잡지 않는 사람들과 죽음의 순간에 자신 앞에 제시될 질문에 대해서 생각하지 않는 사람들은 결코 삶을 잘살 수 없습니다. 그들은 바로 지금 그 질문에 대답할 말을 준비해야 하며 스스로를 보호할 수 있도록 자신을 미혹하는 유혹에 대해 잘 알고 대처해야 할 것입니다. 만일 당신이 이런 일들을 했다면 당신은 이 보편적인 진리에 대한 믿음 안에 세워진 것입니다. 그리고 죽음과 심판을 더 가까이 당신 자신에게로 끌어 오기 위해 애쓸 것이고 그것들을 당신의 묵상 속으로 더 가까이 가져오도록 노력할 것입니다.

바로 오늘 밤 죽음이 당신을 찾아온다고 가정해 보십시오. 당신이 감히 그럴 수 있다면 심판을 받기 위해 하나님의 심판 앞에 선다고 생각해 보십시오. 그런 생각들은 하나님의 축복을 통해 탐욕을 절제하고 죽음이 찾아왔을 때 죽음에게 아무 할 일도 남겨 주지 않도록 우리를 도울 것입니다. 그러나 사실은 대부분의 사람들이 죽음에 대해서 결코 진지하게 생각하지 않는다는 것입니다. 현재의 삶 외에 또 다른 삶을 갈망하지 않는 그들은 죽음에 대해서 생각하기를 기피합니다. 저는 죽음에 대한 진지하고 신랄한 상념을 통해서 당신의 세속적인 마음과 기질이 갖고 있는 커다란 혐오감과 기피증으로부터 떠날 것을 적극적으로 당신에게 권합니다. 당신에게 질문 한 가지를 하겠습니다. 당신이 그렇게 하는 것이 대체 누구를 기쁘게 하기 위한 것입니까? 당신은 죽음을 생각하는 일을 감당할 수 있습니까? 지칠 줄 모르는 당신의 주린 배를 세상으로 채우는 당신은 "어리석은 자여 오늘 밤에 네 영혼을 도로 찾으리니 그러면 네 예비한 것이 뉘 것이 되겠느냐"(눅 12:20)라는 그리스도의 말씀을 어떻게 생각합니까? 패역한 자인 당신은 "일어나라! 죽은 자여, 와서 심판을 받으라!"라는 저 슬픈 나팔 소리를 어떻게 생각합니까? 욥의 입술을 통해 나온 말은 당신이 마음속에 지니기에 합당한 말입니다. "내가 아나이다 주께서 나를 죽게 하사 모든 생물을 위하여 정한 집으로 끌어가시리이다"(욥 30:23). 비록 이 선한 사람이 그 순간 자신이 죽게 될 것이라고 생각한 것은 오해였지만 그는 자신이 머지않아 죽게 될 것과 죽음 뒤에는 심판대 앞에 끌려가게 될 것을 알고 있었습니다. 그렇게 그는 그 생각을 품고 있었습니다. 그리고 만일 우리가 이런 생각들로 말미암아 죽음을 준비하도록 권고받는다면 비록 그것이 영원의 문제임에도 불구하고 그것을 마음속에 염두해 두는 사람이 과연 우리 중에 얼마나 되겠습니까? 그것에 대해서 생각하는 일에 다만 몇 시간이라도 할애해 본 사람이 몇 명이나 되겠습니까? 만일 당신이 세상에서 당신과 관계된 문제로 사람들 앞이나 법정 앞에 서야 한다면 당신은 사전에 그것에 대해서 얼마나 많은 생각을 하며 준비하겠습니까? 그러나 이 세상에서 가장 중요한 문제도 당신이 어떻게 죽을 것이며 위대한 하나님 앞과 심판의 보좌 앞에 어떤 모습으로 서게 될 것인지에 대한 크고 중대한 질문 앞에서는 한낱 사소하고 하찮은 일에 불과할 뿐입니다.

지침 2. 거룩함의 모든 의무들이 요구되기는 하지만 죽음을 준비하는 것에 특별한 영향력을 갖는 것으로서, 그리고 그렇게 말할 수 있다면 죽음에 보다 더 가까이 다가가는 것으로서 당신이 특별한 방식으로 지켜가야 할 (의무라고 불리는 다른 사항들을 무시하지 않고서) 몇 가지 특별한 의무들이 있습니다. 먼저, 자기 성찰과 검토의 의무가 있습니다. 사람들이 (솔로몬이 권면하듯이) 자기 양떼의 형편을 부지런히 살피며 자기 소떼에 마음을 두어야 한다면(잠 27:23) 그들이 자기 영혼의 상태를 살펴야 하는 것은 더 말할 필요가 무엇이 있겠습니까? 만일 당신이 자신의 영적인 상태에 대해서 알지도 못하고 하나님 앞에서 하게 될 당신의 변론을 합당한 것으로 만들기 위해서 애쓰지도 않는다면 당신이 확신과 위로에 넘쳐서 죽는 것이 가능하다고 생각합니까? 사람들에게 결코 걸려서는 안 될 역병이 있다면 바로 이런 것을 경시하는 마음일 것입니다. 그리고 그들의 영혼에 합당한 절제심이 있다면 그것은 바로 이 의무를 양심적으로 실천하는 것입니다. 많은 사람들에게 죽음이 그토록 끔찍하고 두려운 것은 그들이 삼십 년, 사십 년, 오십 년 혹은 육십 년의 세월 동안 하나님 앞에서 하게 될 자신의 변론을 합당한 것으로 만들려는 노력이 전혀 없이 살아 왔다는 것입니다.

둘째, 회개의 훈련이 있습니다. (그것은 애통하게도 오늘날의 그리스도인들 중에서도 보기 힘듭니다.) 이것은 우리가 그리스도 안에서 죽을 수 있기 위해서 힘써야 할 특별한 의무입니다. 우리에게 잘못된 것을 발견할 때 (많은 잘못들이 앞에서 언급한 성찰을 통해서 쉽게 발견되겠지만) 그것들을 그냥 내버려 두지 말고 내려놓아서 우리가 그것들로부터 자유로워질 때까지 하나님 앞에서 뜨겁고 간절히 기도해야 합니다. 그러나 온전한 회개가 일어날 때까지 그것은 불가능합니다. 이 회개의 은혜가 있는 곳에 믿음이 항상 함께합니다. 그것은 마음을 부드럽게 만들고 죽음을 두렵게 만드는 문제들을 제거합니다. 회개는 또한 방심, 뻔뻔스러움, 교만의 커다란 적입니다. 회개는 마음을 부드럽게 녹여서 하나님 앞에서 그 마음을 쏟아 놓게 만듭니다. 오늘날 우리가 예배를 드리면서 냉담해지고 우리 삶이 세상적인 것이 되는 것은 바로 이 회개의 결핍에서 비롯되는 것입니다. 그러나 주 안에서 죽는 자들은 이 은혜를 힘쓰는 가운데서 발견되기를 구해야 합니다. (우리는 여기에서 의무와 은혜를 동일한 의미로 사용하고 있습니다.) 하늘나라가 가까울 때 회개가 요구된다면 죽음이 가까울 때는 더욱더 이 회개가 요구되기 때문입니다. 그리고 우리가 죽음의 순간에 예수 그리스도를 만날 때 그분께로 피할 수 있도록 우리를 이끌어 줄 박차로서 부드러운 회개의 마음보다 더 요구되는 것은 없습니다.

셋째, 금욕과 절제의 훈련은 고통스럽지만 유익한 의무입니다. 그것은 세상에 대해서, 우리의 욕심과 세상적인 기쁨에 대해서 십자가에 못박히는 것입니다. 금욕을 통해서 우리는 죄의 지배를 제거하고 거룩함을 추구하게 될 뿐만 아니라 죄의 뿌리를 뽑아 내고 그것의 동기 또한 근절하며 마음에서 그것을 제거하게 됩니다. 그것은 우리의 성냄과 질투, 분노, 교만, 과도한 욕망 등을 억제시켜 줄 뿐만 아니라 우리의 성정이 천상의 것이 되도록 추구하게 만듭니다. 그것은 주 안에서 죽기 위해서 특별히 필요한 것입니다.

우리가 주의를 기울여 실천에 옮기도록 힘써야 하는 네 번째 의무는 바로 절제입니다. 바울 사도는 다음과 같이 말합니다. "너희 관용을 모든 사람에게 알게 하라 주께서 가까우시니라"(빌 4:5). 금욕이 그 자체로 죄악된 것이며 주로 불법적인 것에 관계된 말이라면 (저는 '오직' 이라는 말을 사용하는 대신 '주로' 라는 단어를 사용합니다.) 절제는 그 자체로는 합법적인 것에 관계된 말입니다. 부절제는 많은 사람들에게 있어서 해악이자 역병과도 같은 것입니다. 그 자체로는 합법적이며 절제된 사용이 허용되는 이 세상의 즐거움과 기쁨에 밀착되어 있는 사람들은 자신들이 그것에 얽매여 있으면서도 그 자체가 죄악인 것을 행하는 것만큼 자신의 죽음을 파멸로 몰고 가지는 않을 것이라고 생각합니다. 자녀와 친구, 땅과 집, 농장, 가축과 아내에 대한 과도한 사랑이 죽음 앞에 서 있는 그들에게는 얼마나 합당치 않은 것들인지요! 그러므로 사도 베드로는 다음과 같이 그리스도인들을 권면합니다. "그러므로 너희 마음의 허리를 동이고 근신하여 예수 그리스도의 나타나실 때에 너희에게 가져올 은혜를 온전히 바랄지어다"(벧전 1:13). 사람들이 피조물들을 이용할 때 절제하지 못하는 것은 마치 그들이 긴 옷을 입어서 걷거나 일할 때마다 방해가 되는 것과 같습니다. 이 세상에 대한 집착과 연모가 그의 두 발을 잡아끌 때, 마음이 이런 저런 것들을 좇아서 마음대로 표류할 때 인간은 자신의 일에 전력을 다할 수 없으며 천국으로 가는 여정에서 앞으로 나아갈 수 없습니다. 그러나 절제는 그로 하여금 자기 일을 수행할 만한 합당한 사람으로 만들어 주며 천국으로 가는 여행길을 쉽고 편안하게 만들어 줍니다. 절제는 그로 하여금 자신의 집과 위치에 만족하게 합니다. 그리고 이 세상에서 자신이 처한 상황과 조건이 어떠하든 만족할 줄 아는 자로 만듭니다. 절제는 그가 이런 저런 세상 것들에 마음을 빼앗기거나 얽매이는 것을 허락하지 않습니다. 그것은 그로 하여금 이 세상 것들을 남용하지 않고 적당하게 사용하도록 해 줍니다.

사도 바울은 고린도전서 7장에서 인간적인 위로를 주는 여러 가지 합법적인 일에 대해서 우리의 마음이 그것들로 인해서 채워지고 만족함을 느끼지 않도록 일종의 거룩한 거절을 하도록 우리를 권면합니다. 이것에 대해서 우리 주 예수 그리스도께서는 다음과 같이 강력하게 우리를 설득하십니다. "너희는 스스로 조심하라 그렇지 않으면 방탕함과 술 취함과 생활의 염려로 마음이 둔하여지고 뜻밖에 그날이 덫과 같이 너희에게 임하리라"(눅 21:34). 그 말씀을 통해서 그분께서는 방탕함과 술 취함뿐만 아니라 그 자체로는 합법적인 것처럼 보이는 이 세상의 것들로 마음을 채우는 것 또한 죽음과 심판에는 합당치 않다고 분명하게 암시하십니다. 절제는 주 안에서 죽을 수 있도록 우리를 준비시킵니다. 그와 반대로 우리 주님의 말씀에서 볼 수 있듯이 세상적인 염려로 마음을 가득 채우는 것은 주 안에서 죽는 것을 가로막는 강력한 방해물입니다. 이것은 특별히 내적으로는 세상의 염려들로 가득 차 있고 외적으로는 많은 유혹과 방해물이 놓여 있는 화를 잘 내는 사람의 경우 더욱 그러합니다.

지침 3. 주 안에서 죽고자 하는 자들은 죽음에 대한 생각을 항상 품고 살아야 합니다. 마치 매일 매일이 마지막인 것처럼, 마치 그들이 지금 당장 하나님 앞에 나아가야 하는 것처럼, 그리고 그분께서 자기의 이름을 언제 부르실지에 대해서는 아무 관심도 없는 것처럼 말입니다. (우리도 알고 있듯이) 하나님께서는 우리가 이 세상에서 얼마나 오랫동안 살 것인가에 대해서는 알려 주지 않으셨기 때문입니다. 전도서 3장에서는 천하에 범사가 기한이 있고 날 때가 있고 죽을 때가 있으며 울 때가 있고 웃을 때가 있으나 살아 있는 것을 위해서는 기한이 없다고 말하고 있습니다. 어느 누구도 자신이 내일 죽을지, 오늘 죽을지 알 수 없기 때문입니다. 그러므로 솔로몬은 파수꾼에게 망을 보라고 명령합니다. 그는 알지도 못하는 사이에 그분께서 오시는 일이 없도록 모든 파수꾼들에게 갑옷을 입고 서서 한 순간도 경계의 끈을 늦추지 말고 주님께서 오시는지 망을 보게 했을 것입니다. "죽음이 찾아왔을 때 당신이 하고 있다고 보여 주고 싶은 바로 그 일을 지금 해라"라는 오랜 속담처럼 말입니다.

질문 믿는 자가 항상 그리스도의 재림을 기억하고 언제나 죽음에 대한 생각을 마음에 품고 있는 것이 가능합니까?

대답 그 또한 다른 의무들처럼 하나님의 영광을 위해서 우리가 행해야 하는 의무입니다. 그러나 실제로 우리가 언제나 그것을 염두에 두고 있다고 말하기는 쉽지 않습니다. 우리의 마음은 한계가 있기 때문에 실제로 동시에 많은 것들을 품고 있을 수가 없기 때문입니다. 그러나 하나님의 영광에 대한 생각이 언제나 습관처럼 우리 마음 밑바닥에 자리 잡고 있듯이 그리스도의 재림에 대한 생각도 습관처럼 우리 마음속에 자리 잡고 있는 것입니다. 그리고 그것은 다음 세 가지를 내포합니다.

(1) 그리스도께서 다시 오실 것을 기다리며 그러한 기대에 부합하는 모습으로 살기로 결단할 때, 피하거나 수치스러워할 일들은 전혀 하지 않기로 결심할 때, 그분께서 다시 오실 때 그분께 보여 드리기를 원치 않는 일은 하지 않기로 결심할 때 우리가 계속해서 깨어 있는 것은 의미가 있습니다.

(2) 꾸벅꾸벅 졸고 있는 자신의 모습을 발견할 때 우리는 자신을 흔들어 깨워서 그것을 마음속에 담아 두어야 할 필요성을 느낍니다. 그리고 만일 그분께서 지금 우리 앞에 나타나신다면 감히 그와 같은 일을 행할 것인지 스스로에게 물으며 삶의 행동을 그분의 뜻과 일치시키려고 애씁니다.

(3) 일상생활 속에서 우리는 종종 그리스도께서 곧 나타나실 것처럼 삶을 살아가야 한다는 규칙을 마음속에 떠올리며 종종 그분의 재림에 대한 생각을 되살립니다. 성경에서 믿는 자들이 종종 "그분의 나타나심을 기다리고 소망하는 자들"이라고 불리는 이유가 바로 그것입니다. 그렇기 때문에 깨어 있어야 하는 의무가 그렇게 자주 그들에게 강조되고 있는 것입니다. 그러나 우리는 이것을 마치 믿는 자들이 더는 아무 것도 할 일이 없다든지, 하늘로부터 온 음성을 통해서 그들이 지금 곧 죽게 될 것이라는 말씀이나, 혹은 그리스도께서 지금 곧 나타나실 것이라는 말씀이 선포되고 있는 것처럼 이해하지 않기를 원합니다. 만일 그렇게 이해한다면 수많은 사람들이 자기가 하던 일을 그만 둔 채로 남겨 둘 것이고 맡겨진 소명 또한 버릴 것이기 때문입니다. 오히려 그 말씀은 그분께서 오실 때 우리가 부끄럽게 여길 만한 것들은 아예 하지 않도록 힘써야 한다는 뜻입니다. 그리고 모든 것에 있어

서 늘 선한 양심을 지켜야 한다는 뜻입니다. 악한 마음은 조금도 찾아볼 수 없는, 하나님과 사람들을 향한 온전하고 선한 양심을 말입니다.

지침 4. 주 안에서 죽기를 원하는 자들은 즉시 그리스도의 십자가에 대해서 잘 알아가기를 힘써야 하고 자기 마음대로 삶을 살려는 마음을 버려야 합니다. 그리고 자기 의지대로 세상을 소유하려는 마음 또한 버려야 합니다. 그 대신 역경과 좁은 길 앞에서 몸을 낮추고 고개를 숙이는 법을 배워야 합니다. 그것은 자기 자신을 위해서 십자가를 지는 것을 말하는 것이 아닙니다. 그것은 주님께서 그들을 부르셔서 십자가를 지라고 하실 때 그것을 피하지 않기로 단호하게 결심하는 것을 말합니다. 그들은 십자가가 찾아올 때 그것을 받아들일 결단을 해야 합니다. 십자가가 찾아올 때 그들은 근심과 두려움으로 가득 차서 그것을 피하기를 구하는 것이 아니라 자기를 부인하고 기쁘고 힘차게 십자가를 지고 그리스도의 뒤를 따라가야 합니다. 십자가를 통해서 자유를 얻은 자는 아직도 십자가 아래에 놓여 있는 자들에게 사랑과 긍휼을 베풀어야 합니다. 그래서 솔로몬은 "초상집에 가는 것이 잔칫집에 가는 것보다 나으니 모든 사람의 결국이 이와 같이 됨이라 산 자가 이것에 유심하리로다"(전 7:2)라고 말했습니다. 연회를 베풀고 주연이 성대하게 베풀어지는 곳에 있는 것보다 초상집에 있는 것이 훨씬 유익하다는 말입니다. 그것은 부요함과 풍족함 속에서 살아온 사람들 중에는 만족해 하며 죽기를 원하는 사람들이 극히 드문 반면 역경과 고난 속에서 살아온 사람들은 세상을 움켜잡은 손을 쉽게 놓아 버리기 때문입니다. 세상의 것들로 만족함을 채우고 부유하고 풍요로운 조건 속에서 사는 사람이 영적인 것들을 추구하기 위해서 그것들로부터 뒤로 물러서기란 결코 쉬운 일이 아닙니다. 세상에 대해서 십자가를 지고 죽는 것이 그토록 강조되는 이유가 바로 그 때문입니다. 작은 십자가는 말 그대로 작은 죽음이고 저주의 작은 조각들이기 때문입니다. (비록 그리스도의 죽으심을 통해서 그들 또한 믿는 자가 되는 축복을 누리게 되었지만) 그리고 우리가 이런 작은 죽음에 익숙해지게 되면 커다란 죽음 앞에 순응하는 일은 훨씬 쉬워질 것입니다. 그리고 마침내 죽음이 찾아왔을 때 우리가 해야 할 일은 더 작게 남아 있을 것입니다.

지침 5. 매일 죽는 것에 대해서 묵상하십시오. 그것은 사도 바울의 말씀에서 찾아볼 수 있습니다. "형제들아 내가 그리스도 예수 우리 주 안에서 가진바 너희에게 대한 나의 자랑을 두고 단언하노니 나는 날마다 죽노라"(고전 15:31). 이것은 날마다 그가 만나는 위험뿐만 아니라 죽음을 막기 위한 그의 노력 또한 강조하고 있습니다. 그는 삶을 살아가면서, 그리고 죽음이 찾아오기도 전에 이미 죽음의 길을 가고 있었습니다. 그리고 그것은 다음을 내포하고 있습니다.

- 죽음의 필연성에 대한 자각
- 계속되는 죽음의 위험
- 죽음에 대한 계속적인 준비
- 죽음을 준비하는 적극적인 행위

우리도 그가 갔던 길을 따라가야 합니다. 죽음의 순간에 겸손하지 않은 모습으로 발견되지 않도록 우리의 완고한 기질을 낮추면서, 죽음이 찾아왔을 때 발견되기를 원하는 일을 매일 매일 하면서, 죽음이 찾아왔을 때 우리에게 있는 모든 것을 질서 있고 조화롭게 만들면서, 스스로 죽음에 익숙해지고 죽음의 부름에 어떻게 응답할 것인지를 생각하면서 하나님의 심판대 앞에 우리 자신을 내놓아야 합니다. 아침 기도 시간에는 마치 세상 속으로 더 이상 나가지 않을 듯이 밤에 잠자리에 눕는 사람처럼, 다시는 아침에 일어나지 않을 사람처럼 기도 속에 우리 자신을 내려놓아야 합니다. 말하거나 행동할 때는 그 후에 남은 시간이 채 얼마 되지 않는 사람처럼 말하고 행동해야 합니다.

지침 6. 당신의 양심의 빛이 성경 말씀에 따라 하나님과 화평을 이루고 그것을 유지하며 그분과 당신 사이의 분쟁을 피할 필요성을 주장하는 대로 실천에 옮기십시오. 그들이 확신하고 있었던 많은 것들을 실천하지 않은 채 뒤로 미루었던 것, 그들에게 주어진 때와 기회를 응답하지 않고 뒤로 미루었던 것, 그들이 분명히 깨닫고 있던 잘못들을 고치지 않았던 것은 죽음의 순간에 사람들이 만나게 되는 주된 질문들입니다. 다른 좋은 법들이 효력이 있기 위해서는 한 가지 법이 꼭 필요하다는 말이 있듯이 우리에게는 다른 지침들을 실천에 옮길 수 있도록 우리를 돕는 한 가지 지침이 필요합니다. "무릇 네 손이 일을 당하는 대로 힘을 다하여 할지어다 네가 장차 들어갈 음부에는 일도 없고 계획도 없고 지식도 없고 지혜도 없음이니라"(전 9:10). 우리는 모두 황급히 음부를 향해 달려가고 있습니다. 그리고 그곳에서는 의무를 행할 필요도, 잘못을 고칠 필요도 없습니다. 그러므로 하나님의 말씀의 빛과 그로부터 깨달음을 얻은 우리 양심의 빛이 의무로써 분명히 밝혀 주는 것이라면 무엇이든지 우리는 그것을 행하는 일에 진지하고 열심을 다해야 합니다. 만약 이 한 가지가 우리 양심 속에서 깨달아지게 되면 그것은 하나님의 축복을 통해서 헤아릴 수 없이 많은 일을 하게 될 것입니다. 당신의 양심은 앞에서 언급한 지침들이 대단히 도움이 된다는 것과 그러한 삶을 사는 것이 좋은 죽음을 맞기 위한 길이라는 것을 깨닫게 될 것입니다. 그러나 우리 중에 그 지침들에 대해서 생각하는 것만큼 행동으로 옮기는 사람들이 과연 몇이나 될까요? 그것을 실천에 옮기십시오! 지금부터 일주일 후에는 당신의 생각 속에 더는 그 지침들이 머물러 있지 않을 수도 있습니다. 만일 그렇다면 그 지침들이 다 무슨 소용이 있다는 말입니까? 실천에 옮기지 못한다면 그것들은 모두 무용지물이 아니고 무엇이겠습니까? 그러니 그것을 하찮은 것으로 만들지 마십시오. 죽음은 천국으로 들어가는 문입니다. 그리고 그것은 당신 가까이 와 있습니다. 잘 사는 것은 잘 죽기 위한 길입니다. 주 안에서 삶을 살고 죽고자 한다면 당신은 이 지침들에 중요한 가치를 부여해야 합니다. 그리고 그분의 은혜의 능력 안에서 그것을 실천하는 일에 온 힘을 기울여야 합니다.

비록 앞에서 언급한 것이 모두 사실이라고 확신하지만 많은 패역한 자들에게는 그것에 반(反)하는 내면의 소리가 있을 것이라고 생각합니다. 그 소리는 곧 다음의 두 가지 이의를 제기할 것입니다.

이의 "그런 방식으로 삶을 살지 않는 한 어느 누구도 좋은 죽음을 맞이할 수 없다면 과연 누가 좋은 죽음을 맞이할 수 있겠습니까? 그런 삶은 우리에게는 불가능합니다. 그러므로 우리는 우리 자신의 방식을 고수할 것이고 모든 것이 잘될 것이라고 생각하며 살 것입니다." 많은 사람들이 그런 교리를 듣게 되면 요한복음 6장 60절에서 했던 것처럼 즉시 "이 말씀은 어렵도다 누가 들을 수 있느냐"라고 말할 것입니다. 그들은 "우리는 이것으로 우리의 자유를 구속당할 것입니다. 그렇게 함으로써 우리는 언제나 애곡하는 집을 찾아가야 할 것이고 결코 다시는 웃거나 미소 짓는 것을 허락받지 못할 것입니다."라고 말할 것입니다. (비록 저의 뜻이 사람들로 하여금 즐거움과 활기로부터 멀어지게 하는 것이 아니라 단지 그들을 세상적인 사람들이 되지 않게 하고 그들이 즐기는 즐거움으로부터 적절한 한계를 짓게 만들려는 것뿐인데도 말입니다.)

대답 하나님 안에서 죽고자 하는 자는 그분 안에서 살고자 힘써 노력해야 하는 것이 그분의 진리에 합당한 것이 아닙니까? 잘 사는 것이 잘 죽기 위한 길이 아닙니까? 또한 잘 죽는 것이 영광으로 들어가는 문이 아닙니까? 그렇다면 당신이 "이런 삶의 방식이 비록 잘 죽기 위한 길로써 당신께서 계획하신 길일지라도 우리는 그것에 가까이 갈 수가 없습니다.

우리는 그 길을 갈 수 없습니다. 그 길은 너무나 어렵고 좁기 때문입니다."라고 그분께 말씀드리는 것이 하나님께 만족스러운 대답이겠습니까? 만일 그것이 하나님의 길이라면 당신이 그 길을 가는 것을 그렇게 뒤로 미룰 수 있겠습니까? 아니면 하나님께서 당신을 위해서 새겨 놓으신 길이 아닌 다른 길을 새겨 보려고 합니까?

당신에게 질문하겠습니다. 천국과 영원한 생명으로 인도하는 문은 좁고 길이 협착하지 않습니까? 그래서 당신은 그런 문과 길을 통해서 천국에 가지 않겠습니까? 그리고 주 안에서 죽기 위해서 그분 안에서 사는 길을 택하는 것이 유일하게 천국으로 가는 길이 아닙니까? 그렇다면 그 길이 어렵고 힘든 것은 당연한 것이 아니겠습니까?

이 길은 부패한 본성을 가진 자에게는, 세상이 주는 감각적인 쾌락과 환락 속에서 세상의 기쁨을 낙으로 삼으며 잠시도 진지해질 수 없는 교만한 자에게는, 하나님께 고개를 숙이지 않으려는 이기적이고 죄로 물든 가진 자에게는 어렵고 힘든 길이라는 점을 말씀드립니다. 그러나 이런 길을 걷기를 즐겨하는 자에게는 이 모든 의무들이 가능한 것일 뿐만 아니라 어려움도 은혜를 통해서 견딜 만한 것이 됩니다. 그것은 이 세상 무엇보다도 가장 즐거운 길이 됩니다.(빌 4:13과 잠

3:17을 보십시오.)

이의 "당신이 말하는 모든 것이 사실일지 모릅니다. 그렇습니다. 우리도 그것이 사실이라는 것을 부인할 수가 없습니다. 하지만 우리는 이 모든 것을 행할 수가 없습니다. 그러나 우리도 여전히 하나님의 자비하심을 통해서 천국을 소유할 수 있게 되기를 소망합니다. 우리처럼 삶을 살아온 많은 사람들이 좋은 죽음을 맞이하고 구원을 얻지 않았습니까?" 그런 삶의 대표적인 예로 그들은 십자가상의 강도를 내세울 것입니다. 그의 삶이 그들의 주장을 뒷받침해 줄 만한 좋은 근거가 된다고 말할 수 있을지 모릅니다. 그들은 그의 구원 이야기로부터 무엄하게도 자신들의 삶의 방식으로 살아도 결국 죽음을 앞두고 개심만 하면 자비를 얻을 수 있다고 결론을 내립니다.

대답 오, 이 무지하고 은혜도 모르는 어리석은 자여! 하나님께서 자비로운 분이시기 때문에 죄를 짓는 것이, 은혜가 더욱 넘치게 하기 위해서 죄를 짓는 것이 당신이 하나님의 자비를 끌어 오는 방법이라는 말입니까? 하나님을 죄의 앞잡이로 만드는 것이 그분께서 자기의 은혜와 자비를 드러내시는 목적이라는 말입니까? 그토록 자비를 욕되게 하는 당신이 어떻게 자비를 똑바로 볼 수가 있습니까? 그러나 방탕한 영혼들 가운데서는 하나님께서 자비하시기 때문에 죄를 짓는 것이, 그분의 은혜를 욕되게 하고 그분을 죄의 앞잡이로 만드는 것이 얼마나 흔하고 일상적인 일인지요!

하나님께서 죽음의 순간에 자비를 베풀어 주신 사람들이 있기는 하지만 뻔뻔스럽게 죄를 짓고도 자비를 얻은 사람들이 과연 얼마나 되겠습니까? 십자가상의 강도는 자비를 얻었습니다. 그것은 물론 사실입니다. 그러나 그가 당신이 하듯이 하나님의 은혜와 자비를 경멸하고 모욕했습니까? 연약함으로 인해 죄를 지었지만 겸손하게 간구하며 자비를 기대하는 것과 계속된 경고를 받았음에도 고의적으로 하나님의 은혜를 방탕의 구실로 삼고 여전히 뻔뻔스럽게 자비를 기대하는 것은 완전히 다른 문제입니다.

당신처럼 삶을 살아온 사람들 중에 지금 지옥에 가 있는 사람들이 얼마나 많은지, 천국에는 얼마나 적은지 당신은 알고 있습니까? 하나님의 심판은 그들이 전혀 알지도 못하는 사이에 그들에게 임했습니다. 따라서 그들에게는 회개하거나 하나님의 자비를 구할 시간이 전혀 없었습니다. 그런데도 당신은 여전히 자비의 손길을 잡는 것을 자꾸만 뒤로 미루겠습니까? 당신이 그렇게 하는 것은 그것을 무시하고 하찮게 여기기 때문입니다. 그리고 지금도 여전히 그러한 태도를 바꾸려고 하지 않습니다. 부유한 탐욕자처럼 고통과 비애의 구덩이에서 울부짖는 사람들이 얼마나 많은지 당신은 알고 있습니까? 만일 그들에게 말할 수 있는 기회가 주어진다면 그들은 이렇게 말할 것입니다. "가서 우리 형제들에게 말해 주십시오. 그들이 더 이상 시간을 미루지 않도록, 그리고 그들이 우리가 했던 것처럼 은혜와 자비의 손길을 가지고 장난치지 않도록 말입니다. 그들이 우리와 함께 이 고통의 구덩이에 오지 않게 말입니다."

자비를 얻은 사람들 중에 자신의 죄로 인해 쓰디쓴 고통을 맛보지 않은 사람이 누가 있습니까? 그런데도 당신은 그토록 쓰디쓴 고통 속에 계속 머물겠습니까? 만일 당신이 자비를 얻는다면 당신은 반드시 회개의 길을 통해서 그 자비 앞에 나와야 합니다. 그것은 당신이 죄 속에서 맛보았던 모든 달콤한 즐거움과는 비교도 할 수 없는 훨씬 더 쓰디쓴 고통이 될 것입니다.

저는 당신이 아무 열매도 맺지 못하는 청중이 되지 않고 진리를 행하는 자가 될 수 있도록 마지막으로 이 지침들에 따라서 삶을 살아갈 필요성을 강조하기 위해서 몇 가지 생각해 볼 점을 말하고자 합니다. 신앙의 생명은 바로 실천에 있기 때문입니다. 만일 행동에 옮겨져야 할 일이 있다면 바로 주 안에서 죽는 올바른 방법에 대해서 배우는 일일 것입니다. 따라서 당신이 그것을 거부하지 않도록 먼저 하나님과 그분의 아들이신 예수 그리스도께서 이 교리를 계획하셨는지, 아닌지를 생각해 보십시오. 그리스도 안에서 죽기를 원하는 모든 사람이 그분 안에서 살아야 한다는 것이 그분의 명령이고 그분 안에서 죽는 것이 또한 의무라면 그러한 삶으로 인도하는 수단과 지침들을 이용하는 것 또한 의무임에 틀림없습니다. 그리고 그 지침들은 하나님의 진실하고 신실한 말씀입니다. 저는 당신이 그것에 반하는 말을 할 수 있다는 것이 다만 놀라울 뿐입니다. 당신도 그것이 하나님의 진리라는 것을 부인할 수 없을 것이기 때문입니다. 그러나 시편 50편의 표현처럼 당신을 포함한 많은 이들이 '그분의 말씀을 당신의 뒤로 던졌습니다.' 당신은 집에서 기도할 때도 하나님 앞에서 무릎을 꿇거나 고개를 숙이려고 하지 않습니다. 당신은 지금 자신의 영혼이 어떤 상태에 있는지 자문해 보려고도 하지 않습니다. 기억하십시오. 당신은 우리 앞에서 자신의 인생에 대해서 해명해야 하는 것이 아니라 바로 하나님 앞에서 변론하고 해명해야 합니다. 그러므로 양심을 가진 자라면, 그리고 그 안에 부드러움을 조금이라도 가진 자라면 누구나 이 의무에 마음을 기울일 것입니다. 그렇지 않으면 당신에게 해명할 말이 더 없어지게 될 것이기 때문입니다. 당신에게 자신 있게 강조할 수 있는 진리가 있다면 그것은 바로 그리스도 안에서 죽는 것과 그것에 이르는 길이 되는 거룩함에 관한 것입니다. 그것이야말로 모든 설교의 핵심이자, 요약입니다. 원래의 목적대로 작용할 때 비로소 그것은 당신에게 유익을 줄 것입니다. 그러므로 당신에게 간절히 권합니다. 그리스도 안에서 죽는 일에 대해서 더 진지하게 생각하십시오. 그리고 그것을 위해서 당신이 그분 앞에서 담대함을 소유할 수 있도록 그분 안에서, 그분에 의해서 사는 것에 대해서 더 진지하게 생각하십시오. 그렇지 않으면 저는 당신이 결코 그분의 귀하신 얼굴도 볼 수 없고 그분과의 복된 교제도 나눌 수 없을 것이라고 하나님의 이름으로 진지하고 엄숙하게 말할 수밖에 없습니다.

두 번째 고려할 것은 이런 지침들을 지킬 때 당신이 얻게 될 유익에 관한 것입니다. 첫 번째 죽음에 대해서 아무런 준비 없이 맞은 사람들도 피할 수 없는 것이 있습니다. 그것은 바로 두 번째 죽음입니다. 그러나 마지막 선고라는 의미에서 우리에게는 오직 한 가지 죽음만이 있을 뿐입니다. 그리고 그것에 천국과 지옥이, 당신의 영혼이 처하게 될 영원한 상태가 달려 있습니다. 당신의 영혼은 하나님의 진노의 잔을 영원토록 마시며 그분의 저주 아래에 있든지, 아니면 영원토록 하나님의 사랑의 잔을 마시며 그분의 축복 아래에 있게 될 것입니다. 당신의 영혼은 영원토록 하나님의 적이 되든지, 아니면 친구가 될 것입니다. 당신의 영혼은 하나님의 동행을 누리든지 아니면 사탄의 동행으로 고통 받게 될 것입니다. 당신은 축복과 비참함 사이에 아무런 차이가 없다고 생각합니까? 당신은 이 두 가지 중에서 어느 것이 당신의 영원한 운명이 될지 관심이 없습니까? 당신은 자신이 짐승처럼 불멸하는 영혼을 갖고 있지 않은 존재라고 생각합니까? 당신은 천국과 축복으로 가는 바른 길에 대해서 한 번도 들어본 적이 없는 이교도입니까? 당신은 지옥과 파멸로 이끄는 넓은 길을 걸으면서 천국으로 인도하는 길은 좁다는 이유로 외면하는 자입니까? 그리고 고집스럽게 무저갱 속으로, 깊은 하나님의 진노의 늪 속으로 스스로를 영원히 빠뜨리는 자입니까? 지금은 당신이 이런 것들에 대해서 하찮게 여긴다고 해도 그것을 보지 못한다면 언젠가는 영원한 대가를 치르게 될 것입니다.

세 번째 고려해야 할 것은 죽음과 관계된 것에서 끌어낼 수 있습니다. 죽음이 찾아오면 불멸하는 영혼은 육신과 분리되어 떠나야만 하고 더는 그 속에 머물러 있을 수 없습니다.

육신의 질병이 당신을 황급하고 고통스럽게 뒤덮을 때, 세상의 장애물과 관습들이, 친척과 친구들의 사랑과 관심이 당신을 뒤덮을 때, 영원한 세계가 당신을 정면으로 응시할 때, 참소자인 사탄이 비방거리를 가지고 기다리고 있을 때, 하나님의 법이 모든 죄인에게 저주와 함께 사형 선고를 선고할 때, 그리스도의 준엄하고 두려운 선고인 "저주받은 자들아, 내게서 떠나가라!"라는 선포가 당신에게 선고될 때, 이 모든 것이 한꺼번에 동시에 당신에게 부어지는 것입니다. 그때 내면의 양심은 당신에게 그 슬픈 선고를 피하려고도, 전혀 주의를 기울이려고도 하지 않는다고 외치며 큰소리로 울부짖을 것입니다. 그러나 무엇보다도 그때 당신은 자신의 양심과는 비교도 할 수 없는 훨씬 더 큰 존재를 마주 대해야 할 것입니다. 바로 공평하고 의로우신 만물의 심판자, 크신 하나님이 바로 그분입니다. (살아 계신 하나님의 손 안에 떨어진다는 것은 얼마나 두려운 일인지요!) 그때 당신은 헤아릴 수 없이 많은 질문과 유혹을 만나게 될 것입니다. 그것은 런던이나 네덜란드, 프랑스, 혹은 스페인이나 동인도와 서인도 제도로 여행가는 것과는 완전히 차원이 다른 여행입니다. 헛되고 무상한 것들 속에서 평생을 보낸 당신이 죽음이 임하기 전 단 몇 시간만으로 그 두려운 여행을 떠날 수 있도록 준비하는 데 충분할 것이라고 생각합니까? 이 얼마나 영혼을 파괴하는 안타깝고 잘못된 생각인지요! 죽음이 찾아왔을 때 "오, 나에게 다시 한 번 삶이 주어진다면 잘살 수 있을 텐데!"라며 탄식하는 비참한 영혼들이 얼마나 많은지요! 그러나 그런 안타까운 탄식과 바람만을 가진 채 그 비참하고 가엾은 영혼들은 죽어갈 뿐입니다.

네 번째로 하나님께서 주 안에서 죽는 것과 이 지침들을 따라 사는 것 사이에, 그리고 거룩함과 축복 사이에 세워 놓으신 관계에 대해서 생각해 보십시오. 여기에서 거룩함이라고 함은 죽음의 순간에 몇 마디 좋은 말을 하고 죽는 것을 의미하는 것이 아닙니다. 거룩함이 그런 것을 의미한다면 왜 당신의 삶 속에서 거룩함이 그토록 강조되겠습니까? 거룩함의 끝에는 천국과 축복이 기다리고 있습니다. 그리고 넓은 길의 끝에는 지옥과 파멸이 기다리고 있습니다. 제가 자주 말했듯이, 하나님께서 은혜의 기적을 통해서 넓은 길을 가던 몇몇 사람들을 죽음 직전에 구해 내신다는 것은 사실입니다. 그러나 그분께서 그런 방법으로 대하시는 자들은 극히 소수에 불과합니다. 이 넓은 길을 걸어간 사람들의 발자국이 얼마나 헤아릴 수 없이 많은지요! 대부분의 사람들은 그들이 살아온 길대로 죽음의 길을 갑니다. 만약 그들이 사악하게 살았다면 그들은 저주 가운데서 죽어서 지옥으로 떨어지게 될 것입니다. 그래서 다음과 같은 속담이 나오게 된 것입니다. "살아온 인생 그대로 죽음을 맞게 된다." 평생 동안 세상의 일에만 온통 마음을 쏟고 살아온 사람이나 교만과 자기기만에 가득 차서 살아온 사람은 죽을 때도 그런 모습으로 죽게 됩니다. 만약 당신이 교만하고 위선적인 삶을 살았다면 당신은 자신이 편안한 죽음을 맞이할 것이라고 장담할 수 있습니까? 속지 마십시오. 하나님께서는 만홀히 여김을 받지 않으십니다. 만일 당신이 평생 동안 육신의 씨앗을 뿌렸다면 당신은 의심의 여지없이 죽음의 순간에 육신의 열매를 거두게 될 것입니다. 그러므로 주 안에서 잘 죽고자 한다면 주 안에서, 그리고 주님에 의해서 잘살아야 한다는 절대적인 필요성을 깨닫고 믿으십시오.

다섯 번째로, 당신이 삶 속에서 거룩함과 이 지침들을 따르는 것을 소홀히 여겼을 때 당신이 처하게 될 영적 심판이라는 커다란 위험에 대해서 진지하게 묵상하기를 바랍니다. 눈이 멀고 마음이 둔해지며 미혹되고 사악한 마음을 갖지 않도록 주의하십시오. 죽음이 아직 먼 일처럼 느껴지는 당신일지라도 그토록 오랫동안 회개를 미루어 온 당신에게 더는 그 기회가 주어지지 않을지도 모릅니다. 만일 당신이 잘 죽기를 원하고 두려운 파멸을 막고 싶다면 지금 거룩하게 사십시오. 그러나 자신의 죽음에 대해서 아무런 관심이 없다면 계속해서 그렇게 역병에 걸려서 마침내는 파멸에 이르게 할 위험에도 아랑곳하지 않은 채 지금처럼 교만하고 뻔뻔스럽게 삶을 사십시오. 당신이 아무리 자비를 구해도 그때는 이미 더는 기회가 주어지지 않을 것입니다. 당신은 두 길 중에서 어느 한 길을 반드시 살다가 죽을 것이기 때문입니다.

그러나 계속해서 그렇게 미루고 있는 동안 당신이 받게 될 영적인 심판이 어떤 것일지 다시 한 번 생각해 보십시오. 당신은 그것이 당신의 마음을 둔하게 하고 당신의 귀와 눈을 멀게 하기 위해서 하나님께서 그분의 말씀을 전하는 자들에게 주신 사명이라는 것을 알지 못합니다. 그런 사명은 선지자 이사야가 그의 예언서 6장에서 당시의 청중들 중 많은 이들에게 선포하도록 받은 임무였습니다. 지금 이 시간 성령의 선한 의도가 소멸될지도 모릅니다. 그리고 앞으로 당신에게 선한 일을 할 사람을 다시는 만날 수 없게 될지도 모릅니다. 수많은 설교들이 눈멀고 귀가 막히며 마음이 둔한 자에게 뿌려져서 가장 단순하고 가장 선명하며 가장 가슴 깊은 곳을 두드려야 할 진리가 마치 돌이나 막대기에 대고 하는 것처럼 설교를 듣는 자들에게 아무런 영향력도 미치지 못하는 일이

4. 죽음을 맞기 위한 지침

얼마나 많습니까? 왜 그런 일이 일어납니까? 하나님의 말씀으로부터 당신을 향해서 발해지는 빛을 당신이 잘 이용하지 못하기 때문이 아닙니까? 그리고 당신 안에 계신 성령의 뜻을 거부하고 묵살하기 때문이 아닙니까? 바로 그 때문에 하나님께서는 당신을 치고 계신 것입니다.

여섯 번째로 그토록 긴급한 일을 미룸으로써 당신에게 어떤 유익이 있는지를 생각해 보십시오. 한마디로 말해서 거기에는 어떤 유익도 없습니다. 계속해서 미루면 미룰수록 당신은 가야 할 길에서 더 멀리 뒤쳐지고 벗어나게 될 뿐입니다. 그리고 그것을 만회하기 위해서 더 많은 어려움을 겪을 수밖에 없습니다. 훨씬 더 많은 죄악이 당신을 물들이게 될 것이고 해결해야 할 더 많은 문제들만을 안게 될 뿐입니다. 그리고 그렇게 많이, 그토록 오랫동안 망가져 있었던 당신의 영혼을 선한 성품으로 바꾸기 위해서 더 많은 노력을 기울여야 할 것입니다. 그렇습니다. 건강한 시절, 당신이 그토록 심혈을 기울여서 몰두해 온 모든 일과 성과들을 망쳐 버리는 비통한 상태로 어떻게 자신을 이끌고 왔는지를 생각할 때 그 고통은 단지 당신이 느끼는 지옥의 서곡에 불과할 뿐입니다. 그래서 당신이 유익이라고 믿어 왔던 모든 것이 단지 죄를 더하는 것에 불과하고 절망적인 슬픔과 분노를 더 높이 쌓아 놓는 것에 불과하다는 것을 발견하게 될 것입니다.

당신은 그것으로 인해서 단지 유익을 얻지 못하는 것에서 그치지 않고 오히려 커다란 손해를 입게 될 것입니다. 이미 언급한 것 외에도 당신은 죽음의 부름과 크신 심판자의 심판대 앞에 서라는 호출에 편한 마음으로 답할 수 없을 것이기 때문입니다. 만일 당신이 지금 바로 여기에서 죽게 된다면, 그리고 살아서 이 교회를 나갈 수 없게 된다면 죽음의 순간에 평안과 위안을 소유할 사람이 과연 몇 명이나 될까요? 만일 지금 이 순간 이 교회의 벽이 흔들려서 곧 무너지려고 한다면 해산하는 여인의 고통처럼 두려움이 당신을 사로잡지 않을까요? 그리스도를 믿는 사람들 중에도 어느 정도 마음의 불안과 놀라움에 빠지는 사람이 있을 수 있습니다. 그러나 그들은 곧 은혜를 통해서 스스로를 추스르고 안정을 되찾을 것입니다. 그러나 만일 죽음이 지금 이 순간 혹은 내일이 오기 전에 당신을 찾아온다면 당신은 평안과 침착, 위안 속에서 목숨을 내놓을 수 있습니까? 집에 들어가기 전에 당신에게 어떤 일이 일어날지, 잠자리에 누웠을 때 다시 아침에 일어날 수 있을지 당신은 확신하지 못합니다. 그리고 당신이 예수 그리스도를 통해서 하나님과 화평을 이룬 모습으로, 거룩함의 길을 걸어간 자의 모습으로 발견되지 않는다면 죽음이 찾아왔을 때 당신 자신이 견고한 근거 위에서 평안과 위안을 소유할 수 있을 것이라고 생각합니까? 당신이 세상에서 대단한 이익이 남는 거래를 성사시켰고 엄청나게 넓은 땅과 재산을 소유하고 있으며 아주 넓은 집과 잘 갖추어진 근사한 가게를 가지고 있다고 해도 죽음의 순간에 그 모든 것은 보잘것없고 차가운 위안거리일 뿐입니다. 이 한마디의 말에 그 모든 위안거리들은 빛을 잃어버릴 것이기 때문입니다. "어리석은 자여 오늘 밤에 네 영혼을 도로 찾으리니 그러면 네 예비한 것이 뉘 것이 되겠느냐"(눅 12:20).

일곱 번째로 구체적인 십자가와 허물들, 그리고 당신이 처해 있거나 곧 처하게 될 질병과 재난들을 생각해 보십시오. 그것들은 당신으로 하여금 죽음에 대해서 생각하도록 이끌 것입니다. 그리고 더 선한 것을 위해서 당신에게 변화를 촉구할 것입니다. 지금 당신은 건강합니다. 그러나 얼마 되지 않아서 병에 걸리게 될지 모릅니다. 지금 당신은 안전합니다. 그러나 날이 갈수록 위험 속에 있게 될지 모릅니다. 그토록 변화무쌍한 상황들이 불변의 상태로 나아가라고, 그리고 그것이 행복임을 확실히 하라고 당신에게 부르짖고 있지 않습니까?

저는 지금 우리의 삶을 주 안에서 죽는 자로서 합당하게 다스려가도록 지침과 고려할 사항 두 가지 모두를 실천하도록 권면했기 때문에 그것이 단지 땅에 물을 엎지르는 것과 같지는 않을까, 죄를 깨닫고 돌이키게 하는 데 전혀 도움이 되지 않은 것은 아닐까 하는 두려운 마음이 듭니다. 그러나 그것은 오직 하나님만이 막으실 수 있는 일입니다. 그래서 저는 우리 중에 두 부류의 사람들에게 몇 가지를 언급하려고 합니다.

첫 번째는 이미 하나님의 영적인 심판에 대하여 죽은, 귀가 먼 자들입니다. 그런 자들은 자신의 불멸하는 영혼에 대해서 더는 주의를 기울이거나 마음을 쓰지 않습니다. 마치 자신에게 그런 불멸의 영혼이 전혀 없는 것처럼 말입니다. 그런 자들은 이성을 지닌 인간이라기보다는 오히려 짐승처럼 살아갑니다. 그리스도인이라기보다는 오히려 이교도에 더 가깝습니다. 이것은 어떤 이에게는 세상의 즐거움과 환락을 통해 다가옵니다. 또 다른 이들에게는 패역함과 신앙심에 대한 경멸을 통해서 찾아옵니다. 또 다른 이들에게는 나태함을 통해서, 또 다른 이들에게는 세상적인 관심과 세상에 대한 비굴함을 통해서 옵니다. 또 어떤 이들에게는 우리 중에 대부분을 지배하고 있는 것으로 안전 불감증과 형식주의, 위선적인 태도 등을 통해서 옵니다. 저는 당신에게 주의 이름으로 분명하게 말합니다. 죽음은 지금 이 순간도 당신에게 다가오고 있습니다. 그리고 하나님께서는 결코 만홀히 여김을 받지 않으십니다. 당신은 뿌린 대로 거둘 것입니다.

당신은 웃고 떠들면서 시간을 보내는 것이, 당신이 가지고 있는 건물의 높이가 높아가고 사업이 성공적으로 성사되는 것이 죽음을 맞기 위한 충분하고도 합당한 준비라고 생각합니까? 스스로를 속이지 마십시오. 계수할 날이 속히 올 것입니다. 그날에는 애통하는 자들이 헤아릴 수 없이 많을 것이고 자신이 가장 중요한 일에서 뒤쳐지고 실패했다는 것을 깨닫게 될 것입니다. 제가 이런 말들을 단지 지나가는 말처럼 하고 있다고 생각하지 마십시오. 다시 말하지만 그런 경고를 무시함으로써 따라오게 될 악한 상황과 비참함을 피하십시오. 부디 그것을 가볍게 여기지 마십시오. 죽음을 기다리고 그것을 위해서 준비하는 일은 세상에서 당신이 가장 중요하다고 생각하는 모든 문제들보다 우위에 있기 때문입니다.

두 번째는 은혜를 통해서 죽음을 준비하기 시작했지만 나태하고 부주의한 자들입니다. 깨어서 부지런히 준비하십시오. 주 안에서 잘 죽는 법을 깊이 묵상하는 사람은 극히 드뭅니다. 그리고 하나님의 심판대 앞에 서게 될 때를 준비하기 위해서 심혈을 기울이는 사람도 극히 드뭅니다. 당신의 삶에서 가장 좋은 시절을 떠올려 보십시오. 그리고 그것이 얼마나 짧은지를 보십시오. 아, 우리 중에는 얼마나 많은 세속주의와 단단함과 아둔함이 있는지요! 우리의 예배 안에는 얼마나 형식주의가 넘쳐 나고 있는지요! 세상에 대한 관심과 교만, 허영심은 또 얼마나 많은지요! 하나님 앞에 서게 될 것이라는 믿음을 가진 사람들이 자신의 운명을 두고 감히 그런 장난을 치고 있다는 것이, 세속적이고 부주의한 삶을 살 수 있다는 것이 다만 놀라울 뿐입니다. 부디 온유함을 더 깊이 묵상하십시오. 그렇지 않으면 당신이 자신의 영혼을 희생시킨다고 할지라도, 마침내 하나님의 사람들을 위해서 준비된 안식의 항구에 안전하게 도착한다고 할지라도 당신은 아마도 수많은 폭풍과 비바람 속에서 때로는 완전히 배가 난파될 위협을 받으며 대단히 불쾌하고 불편한 여행을 하게 될 것입니다. 그리고 항구로 들어가는 길이 너무나도 좁고 들어가기 어렵다는 것을 발견하게 될 것입니다. 죽음이 찾아와 당신을 정면으로 응시할 때, 당신이 하나님 앞에 너무 가까이 와 있다는 것을 생각하기 시작할 때 당신은 엄청난 두려움 속에 있게 될 것입니다. 지금 이 순간 하나님께서 이 말씀을 사용하셔서 예수 그리스도를 통해서 당신의 마음을 변화시켜 주시기를 간절히 기도드립니다.

5
갑자기 죽음이 찾아올 때

"주 안에서 죽는 자들은 복이 있도다"(계 14:13).

옛 속담 중에 '죽음이 찾아오기 전까지는 아무도 축복 받은 자라고 할 수 없다'라는 말이 있습니다. 믿지 않는 자들이 그것을 어떻게 받아들이든 우리 그리스도인들은 그것을 "인간이 죽음의 순간에 축복받지 못한다면 그는 결코 축복받은 사람이 아니다."라는 뜻으로 해석할 수 있을 것입니다. 죽음은 아주 짧은 시간 동안 이 세상에 거했던 사람들을 시간의 굴레에서 벗어나게 하는 동시에 그 뒤에 따라오는 영원한 세계라는 긴 기차의 첫 칸에 옮겨 타게 하는 것이라고 할 수 있습니다. 하나님의 심판대 앞에 서는 것과 영원한 축복 혹은 영원한 비참함 속에 거하게 되는 것은 결코 사소한 문제가 아닙니다. 그러나 영원한 축복을 보장받은 사람들은 죽음의 순간에 두 눈을 감듯이 심판과 영원한 세계가 가져올 평안을 잠잠히 기대할 수 있습니다. 죽음 뒤에 이어지는 축복 때문에 좋은 죽음을 맞이할 것을 권하는 것이 바로 본문의 가장 중요한 목적입니다.

앞에서 죽음을 준비하는 방법에 관하여 몇 가지 실천해야 할 지침들을 강조했습니다. 이제 이 교리의 사용으로 들어가기 전에 당신에게 한 가지 질문을 하겠습니다.

질문 이 지침들을 철저히 무시했거나 마땅히 했어야 하는 만큼 이 지침들에 마음을 쓰지 않은 사람들은 죽음의 순간에 무엇을 할 것이라고 생각합니까? 미처 인식하기도 전에 자신이 영원한 세계에 가까이 와 있다면, 살아갈 날이 겨우 며칠, 혹은 몇 시간밖에 남지 않았다면 그런 사람들이 무엇을 할 것이라고 생각합니까?

이것은 매우 조심스럽게 대답해야 할 중요하고도 어려운 질문입니다. 살아 있는 동안에도 잘 들으려고 하지 않던 사람에게 죽음의 순간에 질문하기란 쉽지 않은 일이기 때문입니다. 그러므로 어느 누구도 그 질문에 대하여 잘못된 응답을 하지 않기를 바랍니다. 분명 그런 잘못된 응답의 대표적인 예는 죽음이 찾아올 때까지 죽음에 대해서 준비하는 것을 미루는 것입니다. 그러니 죽음의 순간에 그 질문을 받지 않기 위해서, 그리고 그 순간 그 질문이 가져올 두려움을 피하기 위해서 당신이 어떻게 살아야 하는지를 먼저 진지하게 생각해 보십시오. 건강했다면 죽음이 갑자기 당신을 덮쳐 올 때까지 부주의하게 미루었을 당신은 병에 걸리게 되면 즉시 그 질문을 하게 되겠지만 그때는 어쩌면 병으로 인해서 아무런 마음의 감동 없이 하게 될지도 모릅니다. 그러므로 당신이 그 일에 대해서 생각할 시간을 더 이상 얻을 수 없게 될 때를, 질병의 고통으로 인해 그것에 대해서 생각할 자유를 더 이상 얻지 못하게 될 때를, 그리고 당신에게 그것에 대해서 이야기를 해 줄 사람이 더 이상 아무도 없게 될 때를 두려운 마음으로 생각해 보십시오. 그것이, 그때가 오기 전에 당신이 합당하고 준비된 모습으로 있기를 간절히 원합니다.

저는 그 질문에 대한 답변으로 죽음의 준비가 전혀 되어 있지 않은 모습을 다음 세 가지 부류로 구분해 보려고 합니다. 그들은 모두 준비되지 않은 상태에서 죽음을 맞이해야 하기 때문에 두려움과 놀라움으로 압도당할 수밖에 없습니다.

첫 번째 부류는 죄악에 가장 깊숙이 물든 자들입니다. 그들은 죽음이 갑자기 자신들을 찾아올 때까지 죽음을 준비하기 위해서 아무런 수고도, 노력도 하지 않는 자들입니다. 우리 중에 많은 사람들이 그런 부류에 속해 있다면 저는 차라리 돌이나 벽에다 대고 말하는 편이 나을지 모르겠습니다. 두 번째 부류는 약간의 부드러운 마음은 갖고 있지만 쉽게 나태함과 부주의 속에 빠져 버리고 선한 길에서 벗어나는 자들입니다. 세 번째 부류는 감정도, 위안도 결핍된 채 죽음을 두려워하기만 하는 있는 자들입니다.

첫 번째 부류의 사람들에게 말합니다. 죽음이 당신을 덮치기 전까지 무분별하고 어리석게 살아온 당신이, 죽음을 만나기 전까지 그것에 대해서 단 한 번도 생각해 보지 않은 당신이 방심 속에서 발이 미끄러져서 파멸의 구렁텅이에 빠지는 것은 전혀 놀라운 일이 아닙니다. 당신은 마음에 위로를 줄 만한 어떤 말을 듣기를 기대합니까? 건강할 때는 죽음을 위한 준비를 완전히 무시했지만 살 수 있는 시간이 단 한 시간밖에 남지 않은 통탄스럽고 절망적인 상황에 처한 사람들조차 위로로 삼을 수 있는 몇 가지 근거를 전하고자 합니다.

먼저, 그때에도 회개는 할 수 있습니다. 그들은 산 자의 땅에 머물러 있고 아직 선고가 내려지기 전까지 하나님과 화평을 이루지 못한 자들이었습니다.

둘째, 하나님과의 화평은 지금 얻을 수 있는 동일한 방식이 아니면 그때에도 얻을 수 없습니다. 그것은 바로 예수 그리스도에 대한 믿음과 (그것은 회개와 함께 오는 것입니다.) 단호한 결단으로 스스로를 새로운 삶의 방식으로 끌고 가는 것입니다. 예수님이 곧 길이요, 진리요, 생명이니 그분으로 말미암지 않고는 아버지께로 올 자가 없습니다(요 14:6). 그리고 믿음이 없이는 그분과의 연합은 있을 수 없습니다. 영원한 생명을 구하는 자는 누구나 그분에 대한 믿음을 통해서 그것을 소유해야만 합니다.

셋째, 어떤 사람에게 살 수 있는 시간이 단 한 시간이 주어진다고 해도 그곳에는 반드시 믿음과 회개와 평안과 거룩함이 있어야 합니다. 비록 그것이 단지 싹에 지나지 않는다고 하더라도 말입니다. 우리는 그 예를 십자가상의 강도에서 찾아볼 수 있습니다. 은혜는 비록 단 한 시간의 것에 불과하더라도 여전히 은혜입니다. 그리고 동일한 가치와 실질적인 열매를 지니고 있습니다. 비록 이제 막 움이 트고 있는 열매라도 그것은 오랜 고목이 지닌 열매와 동일한 가치를 지닌 열매입니다.

넷째, 시간이 짧은 곳에는 이런 은혜의 열매들을 오랫동안 추구해온 그리스도인들의 죽음과는 다른 무엇인가가 있어야 합니다. 시간의 관점에서 볼 때 이런 은혜의 과정들을 통과해서 더 빨리 가는 것은 회개와 자기 성찰이라는 과정을 더 빠르고 급하게 통과해서 그리스도와 거룩함의 열매로 피하러 가는 것이라고 말할 수 있습니다. 시간이 짧다면 이런 과정들은 단축될 수 있습니다. 그것들을 가볍게 취급해서가 아니라 모두 압축시켜서 동시에 통과하든지 아니면 어떤 방법으로든지 단축시키는 것을 말합니다. 주님께서는 "세례 요한의 때부터 지금까지 천국은 침노를 당하나니 침노하는 자는 빼앗느니라"(마 11:12)라고 말씀하셨습니다. 이 말씀에 의하면 건강할 때도 일종의 침노함이 있어야 한다는 말입니다. 그러나 죽음의 순간에는 더욱 강력한 침노함이 있어야 합니다. 다시 말하면, 그들이 비록 모든 의문을 풀 수는 없다고 해도 적어도 자신들이 그리스도 안에 있어야 할 절대적인 필요성을 깨닫게 된다는 것입니다. 그리고 그것은 그들로 하여금 많은 구체적인 어려움들을 극복하게 하는 열쇠가 될 것입니다. 사도 요한의 시대에는 도덕 법칙에 관한 설교가 사람들로 하여금 율법의 의식을 넘어서 그리스도께로 가기 위한 첫발을 내딛게 했습니다. 마찬가지로 평생 동안 나태하고 부주의했던 사람들도 죽음의 순간에 동일한 침노의 방법을 사용해야만 합니다. 그들은 온전한 회개와 믿음을 소유해야 합니다. 그리고 그것을 통해서 급히 그리스도께로 나아와야 합니다. 그리고 이 황급함은 시간의 관점에서 이해되어야 합니다. 이런 과정들은 그리스도께 합당한 자가 되도록 자격을 갖추어 줄 뿐만 아니라 급히 그분과 연합되게 해 줍니다.

그것은 정도의 관점에서도 차이점을 찾아볼 수 있습니다. 이 경우 회개는 더 짧아지고 겸손함은 더 깊어지게 됩니다. 그리고 질문은 더 짧아지고 고통은 훨씬 더 커집니다. 그는 자기혐오 속으로 더 깊이 빠지게 될 것입니다. 늦게 거듭난 사람에게 있어서 소생과 거듭남은 시간이 늦은 만큼 더 크고 더 날카로운 고통 속으로 빠져들게 만들고 죄에 대한 더 극심한 분노와 자신의 악한 길에 대한 더 깊은 증오를 갖게 만듭니다.

또한 갈망과 거룩한 관대함의 관점에서도 차이점을 찾아볼 수 있습니다. 회개와 믿음, 거룩함을 뒤로 미루는 것은 결코 선한 일이 아닙니다. 그러나 사람들은 질병과 죽음이 덮쳐 올 때까지 자꾸만 그 일을 미루려고 합니다.

믿음과 회개를 실천에 옮겼다면 그들은 더욱 값없이 주신 은혜 속에 거하겠다는 결단 속에서 죽을 수 있을 것입니다. 아담의 후손들이 하나님께 순종해야 하고 주권적이고 값없이 주신 은혜의 겸손한 종이 되어야 한다면 가장 확실하고 긴급하게 죽음, 지옥, 진노, 사탄으로부터 건짐을 받은 사람들은 누구보다도 더욱 그리해야 하기 때문입니다. 그런 상황 속에 있는 어느 누구도, 혹은 우리 중에 어느 누구도 이 교리를, 믿음과 회개, 거룩함을 추구하는 것을 뒤로 미룰 수 있는 핑계로 삼지 마십시오. 어느 누구도 자신의 어리석음으로 인해 영원히 고통 받지 않도록 말입니다.

두 번째 부류의 사람들은 부드러운 마음을 가지고는 있지만 뒷걸음질치며 게으름과 나태함에 빠져 결국 타락의 길을 가는 자들입니다. 그들은 앞에서 언급한 부류의 사람들과 같은 길을 가게 될 것입니다. 죽음이 두려움 속에서 그들을 갑자기 덮칠 때, 양심이 그들의 마음을 두드리고 똑바로 그들을 응시할 때, 그들은 자신들의 회개와 그리스도에 대한 믿음, 거룩함의 열매들을 다시 새롭게 해야만 할 것입니다. 그들이 더 황급히, 더 간절하게 그렇게 할수록 그들은 더 겸손해질 것이고 더 빨리 그들의 피난처로 피하게 될 것입니다. 또한 하나님 앞에 더욱 잠잠한 모습으로 나오게 될 것이고 값없이 주시는 은혜를 받아들이며 더 큰 영광을 올려 드리게 될 것입니다.

세 번째 부류의 사람들은 더 부드러운 마음을 지니고 있지만 자신의 평안을 더 분명하게 하기를 원하는 사람들입니다. 그들은 지금까지 평안에 대한 확신을 단 한 번도 갖지 못했거나 전에는 분명하게 가지고 있었지만 점점 희미해지고 어두워져 이제는 완전히 닳아 없어져서 정작 죽음이 갑자기 찾아왔을 때 냉담한 마음이 되어 버린 사람들입니다. 그런 사람들에게, 믿는 자들은 감정적으로 느껴지는 위안이 없어도 좋은 죽음을 맞이할 수 있다는 사실을 말하고 싶습니다. 느낄 수 있는 평안과 위로가 사람들의 의로움에 필수적인 사항이 아니듯이 그리스도 안에서 죽는 것에도 필수 사항이 아니기 때문입니다. 사람들은 잠을 자다가 죽을 수도 있고 분노로 가득 찼거나 영적인 두려움에 빠졌을 때 죽을 수도 있습니다. 그러나 그 두려움 속에서도 가장 깊은 곳에는 믿음과 사랑을 품고 있을 수 있습니다. 이 세상에서 하나님과 회복된 그리스도인의 화평을 깨뜨리지만 않는다면, 그리고 성령을 거스르는 죄악을 짓지만 않는다면 비록 어둠 속에 거하고 있을지라도 좋은 죽음을 맞이할 수 있습니다.

성령의 기쁨을 느끼는 것과 하나님의 약속의 말씀에서 비롯되는 믿는 자들의 기쁨과 위로를 구별해 보십시오. 믿는 자들은 살아 있는 동안이나 죽어가는 동안에 전자는 부족할지 모르지만 후자는 언제나 소유할 수 있습니다. 비록 강같이 흐르는 성령의 위로와 기쁨을 소유하지는 못한다 해도 그들은 말씀으로 인한 견고한 평안과 위안을 소유할 수는 있습니다. 살아 있는 동안 피난처가 되시는 그분께 나아갔던 자들은 붙잡을 수 있는 하나님의 약속의 말씀을 갖고 있기 때문입니다. 또한 그들의 양심은 그들이 자신의 의를 부인하고 그분의 의를 받아들였다는 내적 증거를 가지고 있습니다. 믿는 자가 자신이 받을 심판에 대해서, 더 나아가서 자신이 지은 죄에 대해서 진정한 평안함 속에서 누울 수 있는 길이 그 길 외에 다른 어떤 것이 있겠습니까? 다윗의 죽음을 보아도 그가 그리 많은 위안을 누리지 못했다는 것을 알 수 있습니다. 그가 남긴 마지막 말이라고 불리는 사무엘하 23장 5절에서 그는 비록 그 열매를 절실하게 느끼지는 못했지만 하나님의 언약을 붙잡습니다.

그러므로 이런 상황 속에 있는 사람들은 충분한 위로를 느낄 수 없기 때문에 더욱더 큰 확신을 가지고 스스로를 언약의 범위 안에 내려놓아야 합니다. 그리고 자신의 믿음을 더욱 확실하게 해야 합니다. 그것은 죽음을 앞둔 믿는 자들에게 반드시 요구되는 자세입니다. 왜냐하면 그때 그들은 자기 의의 교만에서 벗어나 거룩한 두려움과 갈망 속으로 들어가게 될 것이기 때문입니다. 하나님께서 어떤 사람들에게는 허영과 교만을 억누를 수 있도록 덜 부드러운 마음을 주셔서 평안을 충분히 느끼지 못하는 삶을 허락하시듯이 죽음의 순간에도 그들에게 그렇게 동일하게 역사하시기를 간절히 원합니다.

그들이 하나님을 더욱 신뢰하고 더 의지할 것을 결단하게 하시기를 원합니다. 물에 빠지거나 내던져질 것을 두려워하는 사람들은 결코 죽음의 배에 오르려고 하지 않습니다. 그분께서는 믿는 자의 하나님이시고 죽음으로 인도하실 뿐만 아니라 죽음을 통과할 수 있도록 인도하시는 분입니다. 그러므로 그는 사망의 음침한 골짜기로 다닐지라도 해를 두려워하지 않습니다(시 23:4).

이제는 지금까지 살펴보았던 핵심 교리들을 사용하는 방법에 대해서 좀더 살펴보기로 하겠습니다.

【사용 1】 주 안에서 죽는 자들이 복되고 그분 안에서 죽지 못하는 자들이 비참하다는 것을 깨닫는다면 그들의 외적 조건과 상관없이 이 세상의 위로에 의미를 두지 마십시오. 그리고 이 세상이 주는 고통 때문에 더는 두려워하지 마십시오. 그리스도를 믿는 당신도 보듯이 이 교리의 사용에는 두 가지가 있습니다. 저는 두 번째 것부터 먼저 시작할 것입니다. 만약 축복이 주 안에서 죽는 자들이 받을 상급이라면 왜 주 안에서 죽는 것에 대한 확실한 열망과 소망을 가진 믿는

자들이 질병과 고통을 두려워하고 이 세상의 성공과 실패로 인해 그토록 상심해야 합니까? 비록 그들이 경멸과 비난, 빈곤, 불명예, 감금, 유배와 같은 수많은 어려움들을 만나게 될지라도 이런 것들에는 모두 끝이 있습니다. 죽음은 그 모든 것에 종지부를 찍을 것입니다. 그들이 생각하는 가장 큰 행복은 이 세상에 있지 않습니다. 그것은 죽음의 다른 편에 있습니다. 당신의 모든 비참함은 곧 끝이 날 것이고 당신을 위해 준비되어 있는 것은 측량할 수 없이 크고 영원한 영광일 것입니다. 이 세상에서 당신에게 남아 있는 시간은 결코 길지 않습니다. 어떤 이에게는 삼십 년 혹은 사십 년이 될 수도 있고 또 어떤 이들에게는 십년 혹은 이십 년이 될 수도 있습니다. 어떤 이들은 그보다 더 긴 시간이 남아 있을 수도 있을 것입니다. 당신 중에는 채 일 년도 남지 않은 사람들도 있을지 모릅니다. 그리고 그때 우리의 귀하신 예수님께서 오셔서 당신의 눈에서 모든 눈물을 씻어 주실 것입니다. 그때 이 시련과 고난의 아픈 기억들은 결코 당신과 함께 천국에 들어가지 못할 것입니다. 이런 소망을 가진 믿는 자들이 십자가 아래에서 그토록 힘없이 낙심하여 걸어가면서 냉담하다는 것은 수치스러운 일이 아닐 수 없습니다.

축복이 죽음의 뒤를 따라오는 것임을 깨닫는다면 당신은

이 세상의 위로에 그토록 많은 가치를 부여할 수 없을 것입니다. 죽음의 순간에 그것들이 당신에게 어떤 위로와 만족을 줄 수 있겠습니까? 피조물의 위로 속에서 만족을 구하기 위해 애쓰고 수고하느라 정작 그분의 안식으로 들어가려는 수고는 단 한 번도 기울이지 않은 당신은 그것들이 당신에게 어떤 확실한 만족도 줄 수 없다는 것을 깨달으면서도 여전히 잘못된 길을 걸어가겠습니까? 이 어리석은 길을 가고 있는 당신을 돌이키기 위해서 당신이 생명의 샘을 버리고 떠났으며 물을 담지 못하는 깨어진 그릇으로, 당신을 끔찍할 정도로 현혹하고 실망시킬 그릇으로 스스로를 끌고 가고 있다고 말하는 것 외에 더 이상 무슨 말이 필요하겠습니까? 부와 쾌락, 화려함과 명예, 근사한 저택이 죽음의 순간에 당신에게 무엇을 해 줄 수 있습니까? 이런 것들은 보잘것없는 행복 외에는 아무것도 줄 수 없으며 그것마저도 머지않아 끝이 날 것입니다. 그러나 세상에는 이것만큼 사람들이 배우려고 하지 않는 교훈도 없습니다. 모든 피조물이 지혜가 그 안에 있지 않다고 말하듯이(욥 28) 그들은 모두 행복이 그 안에 있지 않다고 한 목소리로 부르짖습니다. 행복은 부에 있지 않습니다. 부는 스스로 날개를 달아서 날아가 버리기 때문입니다. 그것은 명예에 있지도 않습니다. 명예를 누리는 인간은 멸망하는 짐승과도 같기 때문입니다. 오늘 높은 심판석에 앉은 사람이 내일 교수형을 당할지 알 수 없는 세상입니다. 그것은 또한 쾌락 속에도 있지 않습니다. 어리석은 자의 웃음은 광기이며 웃음의 한 가운데에서도 마음의 슬픔과 애통함을 그 안에 지니고 있기 때문입니다.

【사용 2】 두 번째 사용 또한 두 가지로 나누어 볼 수 있습니다. 만일 축복이 주 안에 죽는 자들을 뒤따라오는 것이라면 하나님께서 믿는 자를 죽음으로 부르실 때 그들은 죽음에 대해서 준비되어 있어야 할 뿐만 아니라 기꺼이 죽음 앞에 나아가는 태도를 지녀야 합니다. 그것은 또한 하나님의 백성들 중에서도 널리 퍼져 있는, 죽음을 꺼려하는 마음을 정죄하는 역할을 합니다. 축복이 그리스도 안에서 죽는 것 안에 있다면 그 길을 걷고 있는 자들은 기꺼이 즐거운 마음으로 죽을 준비가 되어 있어야 합니다. 사람들이 인내심을 가지고 죽음에 대해서 듣지 않는다는 것은 상당히 심각한 문제입니다. 그것은 사람들이 그곳으로 가는 바른 길을 벗어나 있든지 아니면 자신들이 그 길 위에 있음을 명확히 하고 있지 않다는 뜻입니다. 당신 자신의 상황을 돌이켜 보십시오. 만일 하나님께서 우리 중에서 오늘 밤 어떤 사람을 부르신다면 어떻게

하겠습니까? 당신은 그때 기꺼이 죽을 수 있겠습니까? 진심으로 그렇다고 말할 수 있는 분이 얼마나 될지 궁금합니다. 죽음이 찾아왔을 때 그것을 미루지 않으려는 사람은 거의 없을 것입니다.

이것은 병을 고치기 위해서 합법적인 수단을 동원하는 것을 비난하려는 것이 아닙니다. 다만 죽는 것에 대한 우리의 커다란 혐오감과 꺼려함에 대해서 점검해 보기를 원하는 것입니다. 그 혐오감이 너무나 커서 우리는 항상 죽음에 대해서 생각하는 것조차 뒤로 미루려고 합니다. 이것은 주 안에서 죽는 자들이 행복하다는 진리를 전혀 믿고 있지 않음을 말해 줍니다. 만약 그것을 확고하게 믿고 있다면 사람들은 더욱 기꺼운 마음으로 죽을 수 있을 것이고 그리스도와 함께 거하기를 바랄 것입니다. 오히려 그곳에 있고자 하는 열망으로 가득 차야 할 것입니다. 만일 이 세상에 거하기에 좋고 비옥한 땅이 있다고 신뢰할 만한 사람들에 의해서 입증되었다면 수많은 사람들이 그곳으로 몰려갔을 것입니다. 그러나 그리스도 안에서 죽는 자들을 따라오는 축복에 대한 하나님의 증명이 있음에도 불구하고 (결코 거짓을 말씀하거나 속일 수 없는 분이신 하나님의 증명임에도 불구하고) 사람들은 그것을 믿지 않습니다. 그러므로 그것을 누리기 위해서 죽음을 통과해서 가기를 갈망하는 자가 극히 적은 것입니다. 땅에 있는 자신의 장막 집이 무너져서 그리스도와 함께 있는 것을 무엇과도 비교할 수 없는 최고의 것으로 알았고 그렇게 되기를 갈망했던 바울과 같은 사람이 그토록 적은 이유가 바로 그것입니다. 연약한 믿음은 죽음을 기뻐하는 마음과 함께 할 수 없습니다.

만약 그것이 아니라면 그것은 예수 그리스도를 향한 사랑이 크게 결핍되어 있음을 의미합니다. 죽기를 꺼려하는 마음은 결코 작은 죄가 아닙니다. 그러나 사랑의 결핍은 그보다 훨씬 큰 죄입니다. 사람들이 그리스도와 함께 있는 것보다 남편과 아내, 아이들, 친구들과 함께 있기를 더 바라기 때문입니다. 그리스도에 대한 사랑은 놀라울 정도로 이 모든 것으로부터 우리의 마음을 분리시킵니다. 그리고 우리의 영혼이 그분을 따라서 호흡하게 만듭니다. 그것이야말로 모든 것 중에서 가장 최선의 것입니다.

그것도 아니라면 그것은 곧 세상에 마음을 빼앗기고 세상의 것들에 집착하고 있음을 의미합니다. 그러므로 세상적이고 세속적인 마음을 가진 비참한 영혼들은 잠잠하고 편안한 자신들의 집과 땅, 친척들과의 교제나 다른 외적인 즐거움이 아닌 더 좋은 삶을 결코 갈망하지 않습니다.

이 사용을 보다 분명히 하기 위해서 몇 가지 질문을 하겠습니다. 죽기를 갈망하는 마음이나 기꺼이 죽으려는 마음이 선한 것입니까? 그리고 그리스도인도 때로 죽기를 꺼려할 수 있습니까?

질문 1. 죽기를 갈망하는 마음이나 기꺼이 죽으려는 마음이 선한 것입니까?

대답 기꺼이 죽음을 받아들이는 마음 가운데 악한 마음과 선한 마음을 구별해 보겠습니다. 먼저, 세상적인 감정의 격발 속에서 죽기를 갈망하는 사람들의 마음속에는 악한 마음이 있습니다. 그것은 다음의 세 가지로 나누어 볼 수 있습니다. 죽기를 바라는 마음에는 절망적인 마음이 있습니다. 사람들이 현재의 두려움이나 육신의 고통, 혹은 무겁고 날카로운 십자가를 자신들의 영혼에 머물지 않게 하려고 할 때 그런 마음을 갖게 됩니다. 그들은 그런 것들로부터 멀리 도망치려고 합니다. 그리고는 스스로도 주체할 수 없는 감정의 격발 속에서 자신을 내던집니다. 유다는 양심의 두려움을 감당할 수 없었습니다. 그래서 스스로 목을 매달았습니다. 그러나 그것은 죽기를 거부하는 마음과 동일하게 자신이 현재 처해 있는 운명을 받아들이고 감수하는 것을 거부하는 마음일 뿐입니다.

다른 두 가지는 믿는 자에게만 나타나는 것들입니다. 두 번째로 죽기를 바라는 악한 마음은 믿는 자들이 많은 십자가를 지고 있으면서 잘 감당하지 못할 때, 그들의 연약함이나 실수로 인해서 하나님의 영광을 가릴 것을 두려워할 때, 혹은 다른 그리스도인들과의 관계나 자신의 공적인 일들이 잘 되어가지 않는 것 같아 보일 때 나타납니다. 그들은 그것을 개선시키기 위해서 어떤 것도 할 수가 없습니다. 그리고 스스로를 쓸모없는 존재라고 여기며 그로부터 멀리 도망치기만을 바랄 뿐입니다. 열왕기상 19장에서 엘리야는 기도합니다. "지금 내 생명을 취하옵소서!" 그를 공격하는 자들이 주의 단을 헐며 칼로 주의 선지자들을 죽였고 오직 그만 남았기 때문이었습니다. 그는 그들이 자신의 생명 또한 해칠 것을 염려했습니다. 그러나 주님께서는 그의 생각이 잘못되었고 그를 통해서 하실 일이 아직 많이 남아 있다고 말씀해 주셨습니다. 그리고 그 상황이 그가 생각하는 것만큼 악한 상황이 아니라고 말씀해 주셨습니다. 그분께서 이스라엘 가운데 무릎을 바알에게 꿇지 아니하고 그 입을 바알에게 맞추지 아니한 칠천 인을 남기셨기 때문이었습니다. 악한 시대를 살아온 탁월한 그리스도인들 중에는 죽기를 간절히 바란 자들이 있었습니다. 그들은 다른 사람들을 돕고 치유하기 위해서 언제나 싸워야 하고 몸부림쳐야 하는 삶을 힘겨워했습니다. 그들은 자신들이 더는 도움이 되지 못한다고 생각했습니다. 그러나 그것은 자기 자신의 문제로 괴로워하고 실망하는 것보다 흔한 경우는 아닙니다. 그것이 그들이 사역을 하다가 지쳐서 힘을 잃고 모든 것을 버리고 떠나고 싶어 하게 되는 가장 큰 이유입니다. 탁월하고 경건하며 신실한 자인 바룩에게서 볼 수 있듯이 말입니다(렘 45).

세 번째로 죽기를 바라는 악한 마음은 설교자이건, 평신도이건 사람들로부터 심한 비판과 비난을 받을 때 나타나는 마음입니다. 어떤 이들은 스스로의 잘못으로 실족하거나 실패하고, 또 어떤 이들은 애매히 다른 사람들에 의해서 모욕과 멸시를 당하기도 합니다. 어떤 이유에서 비롯되었든 그것은 그들에게 자신이 더 이상 쓸모없는 존재라고 느끼게 만듭니다. (비록 그런 생각은 옳지 않은 경우가 대부분이지만) 그것은 우리가 요나 4장에서 볼 수 있듯이 그들이 맡고 있는 사역이나 일에서 실패와 실망을 경험할 때 올 수 있습니다. 요나는 하나님께서 자신의 생명을 취하시기를 바랐습니다. 그는 스스로를 버림 받은 선지자라고 여겼습니다. 그리고는 하나님께서 "네가 이 박넝쿨로 인하여 성냄이 어찌 합당하냐" (4:9)라고 물으셨을 때 그는 너무나도 완고한 태도를 취했습니다. 그는 성을 내며 대답하기를 "내가 성내어 죽기까지 할 지라도 합당하니이다"라고 말했습니다. 그러자 하나님께서는 박넝쿨을 통해서 그가 죽기를 바라는 것이 옳지 않다는 것을 깨닫게 하십니다.

두 번째로 죽기를 바라는 선한 마음을 그것이 가지고 있는 몇 가지 속성들을 통해서 살펴보겠습니다.

죽기를 바라는 선한 마음은 부요함 속에서도 기쁘게 죽음을 맞이하며 역경 속에서도 삶을 살아야 한다면 그것에 순종하는 것입니다. 십자가를 지는 것은 기쁘게 질 수 있지만 모든 것이 풍족하고 부요할 때 기쁘게 죽을 수 있는 사람은 흔치 않습니다. 역경 속에서도 삶을 사는 것에 만족하는 사람은 순종하는 마음을 가진 사람입니다. 그렇듯 절박하고 극심한 고통과 시련의 한 가운데에서도 만족한다는 것은 결코 쉬운 일이 아닙니다. 그것은 사도 바울이 빌립보서 1장 23절에서 말했던 것처럼 떠나서 그리스도와 함께 있을 욕망을 가진 이것을 더욱 좋아하는 것입니다. 그것은 실로 아름다운 영혼의 모습입니다. 그것은 멸시와 비난 속에서도 기쁘게 삶을 살아가는 것이며 정직한 사람들을 멸시하는 것을 미워하고 칭찬뿐만 아니라 비난도 잘 감당하며 모든 일에 끝까지 선한 양심을 지키기 위해서 애쓰는 것입니다. 그리고 하나님께서 그를 죽음으로 부르실 때 풍요와 부요 속에서도 세상과 그 속에 있는 것들을 만족 속에서 떠나는 것입니다.

죽기를 바라는 선한 마음은 세상의 고통을 잘라내려는 갈망에서 흘러나온 것이 아니라 그리스도를 즐거워하고 그분 안에서, 그분과 함께 선한 것들을 누리려는 갈망에서 흘러나오는 것입니다. 그들이 이 세상을 떠나고 싶어 하는 것은 자신이 지고 있는 십자가의 무게가 버겁게 느껴져서도 아니고 혼란과 불화, 다툼과 경쟁이 심화되었기 때문도 아닙니다. 그것은 오직 예수 그리스도와 함께 있기를 바라는 마음 때문입니다(고후 5:4). 이 장막에 있는 우리는 짐진 것같이 탄식하고 있습니다. 그 이유로 사도 바울은 우리가 벗고자 함이 아니요, 오직 덧입고자 함이라고 말합니다. 육신의 연약함을 내려놓기 위함이 아니고 약속된 영광을 소유하기 위함인 것입니다. 그것은 죽기를 바라는 선한 갈망을 주로 차지하는 마음입니다.

죽기를 바라는 선한 마음에는 그리스도와의 연합을 갈망하는 간절한 열망과 수고가 있습니다. 죽음이 가까운 시간 안에 올 수 없고 다음 세상에서 그분과의 연합을 방해받지 않는다면 이 세상에서 그분과 나눌 수 있는 가장 가까운 연합을 구함으로써 그것을 보상받으려고 합니다. 그렇기 때문에 사람들이 죽어서 천국으로 가기를 열망하면서도 이곳에서 사는 동안 그리스도와의 연합과 교제를 중요하게 여기지 않는다면 그것은 악한 증표임에 틀림없습니다. 잘 죽기를 바라는 사람들은 그리스도와의 교제를 간절히 바라게 될 것입니다. 그날이 이르기 전에도 천국에 대한 넘치는 기대감 속에 거할 수 있을 것입니다. 그리고 이 세상 어떤 것도 그분과의 연합을 방해하지 못하게 할 것입니다.

우리는 이것을 구약의 다윗과 신약의 바울에게서 찾아볼 수 있습니다. 그들이 얼마나 간절하고 뜨겁게 하나님께 기도드리며 그분을 갈망했는지요! 그들이 그분과의 연합을 지키기 위해서 얼마나 많은 수고를 기울였는지요! 어떤 것도 그분과의 교제를 뜨겁게 갈망했던 자신들을 방해하지 못하도록 그들이 모든 대화와 행동 속에서 얼마나 애썼는지요! 이 세상에서 거룩함을 추구하고 그리스도를 닮아가는 삶을 추구하지 않고서 죽기를 바라는 것은 결코 선한 마음이 아닙니다. 그러므로 죽기를 소망했던 시므온에 대해서 성경이 "이 사람이 의롭고 경건하여 이스라엘의 위로를 기다리는 자라"(눅 2:25)고 말하지 않았습니까? 그리고 그를 비롯한 많은 경건한 자들이 밤낮을 가리지 않고 성전을 빈번히 찾아가지 않았습니까?

감정적 격발에 의한 것이 아니고 지속적이고 견고한 근거를 바탕으로 죽기를 바라는 마음이 죽음에 대한 선한 마음입니다. 그것은 느낄 수 있는 위로가 아닌 하나님의 뜻에 기쁘게 순종하려는 마음과 그분에 대한 믿음입니다. 시므온처럼 그리스도를 자기 품 안에 안았다면 누구나 죽기를 간절히 사모했을지 모르지만 그 마음 안에는 분명 하나님에 대한 순종의 마음이 들어 있기 때문입니다.

질문 2. 믿는 자들이 죽는 것을 망설이는 것이 가능할까요? 만일 그렇다면 그들의 구원이 보장된 것일까요?

대답 믿는 자들도 때로는 죽는 것에 대해서 망설이고 주저할 수 있습니다. 그러나 그렇다고 해서 그들의 구원이 보장받지 못한 것은 아닙니다. 이것을 분명히 하기 위해서 다음의 두 가지를 말하려고 합니다. 세상적인 이유로 죽음을 망설이는 마음과 선한 이유로 죽음을 망설이는 마음이 바로 그것입니다.

먼저, 믿는 자들도 죽음을 준비하지 못한 죄악된 마음으로 인해 죽음을 망설일 수가 있습니다. 그들은 자신들의 삶의 많은 부분을 차지하고 있는 세상적인 것들로 인해 양심이라는 통로를 통해서 죽음을 응시하기를 싫어합니다. 그것 외에도 모든 인간에게는 죽기를 싫어하는 본능적인 속성이 있습니다. 믿는 자들이 자신만의 세상적인 계획을 가지고 있고 바로 그것 때문에 죽음을 꺼려한다면 그것은 분명 죄입니다. 그리스도의 보혈이 뿌려진 선한 양심과 견고한 믿음, 하나님과의 화평에 대한 분명한 확신이 있다면 그들은 기꺼이 죽음을 맞을 수 있을 것이기 때문입니다.

둘째로, 다윗이나 히스기야에게서 볼 수 있듯이 선한 망설임이 있습니다. 그것은 어떤 이유로 죽음보다는 삶을 살기를 소망하는 마음입니다. 만약 그들의 망설임이 영혼이나 육신을 위한 일시적인 두려움이나 영적인 것의 결핍으로 인한 두려움이라면, 하나님의 사역과 관계된 두려움이라면 믿음은 그런 두려움에 대해서는 책임을 지지 않았을 것입니다. 그러나 성도들이 선한 망설임을 품게 되는 데에는 다음의 두 가지 이유가 있습니다.

먼저, 그들이 세상을 떠남으로써 하나님의 일에 미치게 될 커다란 타격과 영향력이 바로 그 이유입니다. 그것은 히스기야와 요시야, 바울의 경우에서 찾아볼 수 있습니다. 앞의 두 사람이 세상을 일찍 떠났더라면 아마도 하나님의 일은 다르게 전개되었을 것입니다. 또한 사도 바울이 일찍 세상을 떠났더라면 그것은 그리스도인들에게 엄청난 슬픔과 타격을 안겨 주었을 것입니다.

두 번째 이유는 만일 어떤 상황이나 어떤 때에 그들이 세상을 떠났더라면 그들의 신앙뿐만 아니라 다른 많은 순전하고 경건한 자들에게 커다란 상처와 오점을 남겼을 것이라는 점입니다. 만약 욥이 극심한 고통과 시련 속에서 생을 마쳤다면 친구들의 잘못된 주장이 옳다고 확증시켜 주는 것밖에 되지 않았을 것입니다. 만약 다윗이 왕위에 오르기 전에 적들에 의해서 죽음을 당했다면 하나님의 신실하심과 그의 신앙 고백에 오점을 남겼을 것입니다. 그뿐만 아니라 경건한 자들에게 수치와 당혹을 안겨 주는 사건이 되었을 것입니다. 그러므로 그는 말합니다. "그 위 높은 자리에 돌아오소서"(시 7:7). 따라서 죽음을 망설이는 마음은 인간의 이기적인 마음에서 흘러나오는 것이 아니라 하나님의 영광과 다른 사람들의 유익을 위한 하나님의 역사하심으로부터 흘러나오는 것입니다.

【사용 3】 세 번째 사용 또한 두 가지로 구분해 볼 수 있습니다. 진정한 축복이 무엇인지 판단하는 법을 이 교리로부터 배우십시오. 그리고 그것은 바로 주 안에서 죽는 것입니다. 주 안에서 죽는 것이라는 목적으로 이끌지 않는 모든 것은 불행으로 여기는 법을 배우십시오.

먼저, 당신 자신의 마음이 영적으로 좋은 상태에 있는지 시험하고자 한다면 그 말씀을 증표로 삼으십시오. 당신이 진정 그것을 축복으로 여긴다면 말입니다. 당신이 진정 복 있는 자가 누구인지를 선포하는 음성을 하늘로부터 듣고자 한다면, 그리고 그것을 봉하시는 성령의 증표를 소유했다면 바로 여기에 그것이 있습니다. "주 안에서 죽는 자들은 복이 있도다." 복 있는 자는 나라를 정복하고 전복시키는 자들이 아닙니다. 많은 승리를 얻고 자신의 일에서 커다란 성공을 맛본 자들도 아닙니다. 인간을 진정 복 있는 자로 만드는 것은 나라의 권력자가 되는 것도 아닙니다. 그것은 바로 주 안에서 죽는 것입니다. 이것은 천국의 언어입니다.

둘째, 이 세상에 있는 것들 중에서 당신이 상상할 수 있는 모든 것으로 이 말씀과 함께 균형을 이루도록 저울에 놓아 보십시오. 그러면 저울은 분명 이 말씀 쪽으로 기울 것입니다. 이 세상에 있는 모든 것을 올려놓는다고 해도 주 안에서 죽는 것과 그 뒤에 이어지는 영광과 축복과 비교한다면 그것들은 깃털처럼 가벼울 것입니다. 그렇습니다. 그 모든 것은 마치 아무것도 없는 것처럼 가벼울 것이며 감히 그것과 함께 나란히 저울에 올려질 만한 가치조차 없는 것들입니다. 그러니 그것들 안에 더 이상 진정한 행복이 없다는 것을 깨달았

다면 이제 그것들로부터 행복을 구하는 부질없는 일을 그만
두십시오.

[사용 4] 네 번째 사용 또한 두 가지로 구분해 볼 수 있습니
다. 먼저, 복을 누리고자 하는 자들이 반드시 주 안에서 죽어
야 한다면 그들이 거룩함을 추구해야 하는 것보다 더 시급하
고 중요한 일도 없을 것입니다. 둘째, 무신론과 교만에 빠져
있던 자를 그것으로부터 떠나게 하는 것에 있어서 이보다 더
강력한 것은 없습니다. 그것은 또한 모든 설교의 가장 큰 목
표이기도 합니다. 이 교리를 깊이 묵상해 보십시오. 그러면
그것이 사람들로 하여금 거룩함으로 이끄는 가장 강력한 동
기가 된다는 것을 깨닫게 될 것입니다. 그것은 좋은 죽음을
맞이하고 좋은 삶을 사는 것이 날실과 씨실처럼 하나로 엮여
져 있기 때문이며 어느 것도 거룩함의 절대적인 필요성을 그
보다 더 분명하게 증명할 수 없기 때문입니다. 또한 어느 누
구도 거룩함이 없이는 하나님을 볼 수 없습니다. 거룩함은
하나님과의 화평이나 천국만큼 필수적인 것입니다. 만일 그
렇게 생각하지 않는 사람이 있다면 죽음의 호출을 받게 될
때 그는 틀림없이 그것이 진리임을 두려움과 절망 속에서 발
견하게 될 것입니다.

이 말씀보다 무신론과 교만, 세상적인 삶 속에 빠져 있는 사람을 놀라게 하고 그로 하여금 그것들과의 관계를 끊게 만들 수 있는 것이 무엇이 있겠습니까? 세상이 제공할 수 있는 모든 것을 모아 보십시오. 덧없고 허망한 세상의 즐거움은, 그것이 죄악으로 가득 찬 쾌락에서 비롯된 것이든, 혹은 합법적인 것이든 관계없이, 당신의 마음 깊은 곳의 갈망과 소망을 그 즐거움 안에서 채움 받을 수 있다고 무수히 속삭여 왔습니다. 그러나 실제로 죽음이 찾아왔을 때 그 즐거움이 당신에게 어떤 도움을 줄 수 있습니까? 헤아릴 수 없이 많은 재물을 가지고 있다고 해도, 아무리 광활한 땅과 저택을 소유하고 있다고 해도, 그런 것들이 죽음 앞에서 당신에게 어떤 도움을 줄 수 있습니까? 당신의 시간을 쾌락 속에서 보내며 육체의 탐욕을 채우고 술에 젖어 사는 것이 죽음의 순간에 당신에게 무슨 유익이 됩니까? 교만과 야망으로 가득 차 있는 당신, 다른 모든 사람이 당신을 지지하고 머리를 조아리기를 바라는 당신, 결국 죽음이 그 모든 것에 종지부를 찍고 당신과 그것들과의 영원한 이별을 고하기 위해서 나타날 때, 당신이 죽은 자들 가운데 함께 누워야 하고 벌레가 당신의 몸을 덮어 올 때 그 모든 것이 당신에게 무슨 유익을 줄 수 있습니까?

주 안에서 죽는 것의 절대적인 필요성을 생각해 볼 때, 우리가 입술로 늘 고백하는 믿음과 확신을 마음속에 품고 복된 죽음을 맞기를 원하면서도 정작 그런 죽음에 대해서 진지하게 생각해 본 적이 거의 없으며 그것을 준비하기 위해서 거룩함을 추구하려는 노력 또한 기울이지 않았다는 것은 실로 놀라운 일이 아닐 수 없습니다. (만일 그것이 세속적이고 무신론적인 우리의 가슴에 어떤 놀라움을 줄 수 있다면 말입니다.)

그래서 마지막으로 몇몇 부류의 사람들에 대해서 간단히 말하려고 합니다. 그들은 모두 죽음을 생각해야 하고 그것을 준비해야 하지만 먼 얘기처럼 취급하고 있는 자들입니다.

먼저 피어나는 젊음 속에서 한창 즐겁고 꿈 많은 시절을 누리고 있는 사람들에게 드리는 말씀입니다. 아, 가엾은 방랑자들이여, 죽음이 빠른 속도로 당신을 향해 다가오고 있음을 깨닫지 못합니까? 당신이 알아차리기도 전에, 그리고 몇 해가 지나가기도 전에 그것이 당신에게 임할 것을 알지 못합니까? 분명히 당신의 삶은 영원한 것이 아닙니다. 그리고 당신에게 남은 시간이 자신이 생각하는 것보다 훨씬 더 짧을지 누가 알겠습니까? 무덤이 당신보다 더 젊고 더 건강하며 더 강한 자들로 가득 찰 수도 있습니다. 그렇다면 당신과 하나님과의 화평을 확실하게 해 놓지도 않은 지금 당신이 그토록 즐거워하고 태평하게 웃을 수 있습니까? 전도서 11장 9절에서 성령께서 말씀하신 것은 당신에게 선포된 가장 두렵고 주목해야 할 경고입니다. "청년이여 네 어린 때를 즐거워하며 네 청년의 날을 마음에 기뻐하여 마음에 원하는 길과 네 눈이 보는 대로 좇아 행하라 그러나 하나님이 이 모든 일로 인하여 너를 심판하실 줄 알라." 당신이 원한다면 목숨이 위태로움에도 불구하고 모든 경고와 훈계를 무시한 채 계속해서 그런 삶을 살 수도 있습니다. 그러나 죽음과 심판이 속히 온다는 것을 명심하십시오. 그때 당신은 밝히 드러난 일뿐만 아니라 은밀한 일에 대해서도, 선한 일뿐만 아니라 악한 일에 대해서도 하나님 앞에서 해명해야 할 것입니다. 그러므로 젊음을 뒤돌아보라는 충고를 받아들이십시오. 그리고 그 시절을 어떻게 보내야 할지 진지하게 생각해 보십시오. 당신이 다음과 같은 충고를 받아들여야 할지 잘 판단해 보십시오. "너는 청년의 때 곧 곤고한 날이 이르기 전, 나는 아무 낙이 없다고 할 해가 가깝기 전에 너의 창조자를 기억하라"(전 12:1). 그리고 죽음을 생각하고 준비하는 일에 더 많은 시간을 써야 할지 잘 생각해 보십시오.

　다음은 자신이 속해 있는 세대 가운데서 지극히 지혜로운 사람들에게 드리는 말씀입니다. 당신은 여름과 겨울을 잘 대비하고 준비하며 일 년 내내 사시사철을 잘 대비합니다. 또한 당신은 자신의 땅과 재산을 매우 잘 관리하고 다스릴 줄 알며 모든 것을 자신과 아이들을 위해서 질서 정연하게 정리할 줄 압니다. 그러나 당신은 이 세상에서의 편리한 삶은 구가할 줄 알지만 또 다른 세상에 대해서는 전혀 열의와 관심이 없습니다. 이 세상 삶에 대해서는 그토록 지혜로운 당신이 어떻게 하나님과 자신의 영혼의 문제에 대해서는 그토록 철저하게 어리석을 수 있습니까? 마르다와 같은 사람들이 이 세상에는 얼마나 많은지요! 그녀는 좋은 여인이었지만 그럼에도 불구하고 이런 어리석은 유형의 대표적인 사람이었습니다. 그녀는 자신이 해야 할 일로 마음을 가득 채우고 있었습니다. (비록 그것이 그녀를 완전하게 지배하고 있었다거나 다스리고 있지는 않았다고 해도 말입니다.) 그것은 거듭나지 않은 사람들에게 나타나는 태도와 전혀 다르지 않은 것이었습니다. 당신은 이 세상의 많은 것들에 마음을 기울이며 근심합니다. 그러나 가장 필요한 한 가지는 무시하고 가볍게 취급합니다. 그토록 이성적이고 지혜로운 사람이 자신의 소중한 시간을 낭비해 버린다는 것이 놀랍지 않습니까? 당신은 먹고 마시고 잠자는 데 쓰는 시간을 제외하고는 현재의 삶의 문제들에만 온통 관심을 기울이며 모든 시간과 정력을 사용합니다. 당신은 자신의 영혼과 죽음에 대해서 진지하게 생각하는 것에는 일주일에 단 한 시간도 쓰려고 하지 않습니다. 당신의 양심에 호소합니다. 이것이 과연 합리적이고 이성적인 행동인지, 영원한 행복과 비참함을 감당해야 하는 불멸의 영혼을 소유한 이성적인 사람들에게 합당한 삶의 모습인지 잘 판단해 보십시오. 당신의 시간이 한낱 헛된 것들에, 죽음의 순간에 당신에게 아무런 유익도, 도움도 줄 수 없는 것들에, 그리고 당신을 울부짖게 만들 것들에 쓰이고 있지는 않습니까?

다음은 교회와 모든 의식에 빠짐없이 참석하고 모든 명령을 지키고 있지만 단 한 번도 자신의 영혼이 위험에 처해 있다는 것을 생각해 본 적도, 믿어 본 적도 없으며 죽음을 준비하는 일에 진지하게 시간을 바쳐 본 적도 없는 사람들에게 드리는 말씀입니다. 당신이 얼마나 두려운 위험에 처해 있는지 잘 생각해 보십시오! 그것을 생각하는 것이 치유를 위한 첫발을 내딛는 일이기 때문입니다. 자신을 뒤돌아보고 그리스도에 대한 믿음 안에서 회개의 눈물을 흘리며 자신이 죽음을 향해 달려가던 자였다고 고백하게 해 달라고 구하십시오! 당신이 그토록 수없이 들어온 것을 한 번도 지키지 않았다는 것이 놀라울 뿐입니다. 혹 당신은 듣는 것만으로 충분한 신앙이라고 생각하는 것은 아닙니까? 성경이 무엇이라고 기록하고 있습니까? "듣고 잊어버리는 자가 아니요 실행하는 자니 이 사람이 그 행하는 일에 복을 받으리라"(약 1:25)라고 하지 않았습니까? 따라서 당신에게 권면합니다. "도를 행하는 자가 되고 듣기만 하여 자신을 속이는 자가 되지 마십시오"(약 1:22).

다음은 다른 사람들보다 더 큰 역할과 능력을 받았고 더 높은 자리와 권한을 가진 사람들에게 드리는 말씀입니다. 당신은 그것을 통해서 다른 사람들보다 죽음을 준비할 더 많은 기회를 가졌습니다. 당신은 한 가정의 가장으로서 자녀와 일하는 자들에게 성경을 읽게 하고 금식과 기도와 하나님을 구하라는 명령을 할 수 있습니다. 당신은 하나님의 말씀으로부터 무엇이 옳고 그르며, 무엇이 해야 할 의무이고 하지 말아야 할 죄인지를 알고 있습니다. 그러나 당신은 자신의 죽음을 준비하기 위해서 이런 지침들을 거의 실행에 옮기지 않습니다. 당신에게 간청합니다. 만일 믿음과 사랑과 그것을 실천한 열매가 없다면 죽음의 순간에 당신의 지식과 신분, 지위, 권한이 당신에게 무엇을 해 줄 수 있겠습니까? 그토록 많은 사람들이 진리의 빛과 확신을 가졌지만 너무나도 나태하게 그것을 낭비해 버리고 행동으로 옮기려는 노력을 기울이지 않는다는 것은 진정 놀라운 일이 아닐 수 없습니다.

다음은 황혼기에 있는 사람들, 즉 한 발을 무덤 속에 들여놓고 있는 사람들에게 드리는 말씀입니다. 당신은 육십 혹은 칠십 세일지 모릅니다. 그러나 당신은 마치 앞으로 백 년이나 인생이 남은 것처럼 죽음을 준비하는 일에 여전히 나태하고 무사 안일한 태도를 가졌습니다. 당신이 무슨 일을 하고 있는지 잘 생각해 보십시오! 나이와 세월이 굳어 버린 영혼을 부드럽게 만들어 주지는 않습니다. 오히려 사람들은 일반적으로 나이가 들수록 무지와 무감각이 더 깊어집니다. 이것이 당신에게 메시지를 줄 수 있다면 죽음의 옷을 걸치고 있는 당신에게 죽음을 준비하는 일에 있어서 다른 사람들에게 본이 되라고 말할 것입니다.

다음은 이 세상에서 가난과 비참함 속에 처해 있는 사람들에게 드리는 말씀입니다. 모든 사람이 다 부유하고 풍요로운 것은 아닙니다. 자기 가족조차 부양하기 어려운 사람들이 이 세상에 얼마나 많은지요! 그러나 그들 중에 극소수만이 진지하게 천국을 갈망하고 주 안에서 맞는 죽음을 준비하고 있을 뿐입니다. (그리고 그것은 참으로 놀라운 일이 아닐 수 없습니다.) 부유한 자들에게는 당신이 갖지 않은 많은 유혹들이 있습니다. 이 세상에서 천국을 구해야 할 사람이 있다면 그는 바로 가난하고 비참한 삶을 살고 있는 당신이어야 합니다. 그러나 그런 사람들 중에는 이 세상에서도 비참한 삶을 살고 이곳을 떠난 후에도 영원토록 비참하게 지내야 하는 사람들이 얼마나 많은지요! 당신이 지혜로운 자라면 이 복음이 당신에게 왔고 가난한 자들에게 전달된 것으로 인해 하나님을 찬양할 것입니다. 복음은 그것을 끌어안는 모든 이에게 영원한 행복과 부요함을 약속합니다. 이 말씀을 받아들이십시오. 당신이 가난한 자이건, 부자이건 상관이 없습니다. 언젠가 모두 무덤 속에 눕게 될 것입니다. 그리스도 안에서 죽는다면 영원한 축복을 누리겠지만 그렇지 못하다면 당신은 영원한 저주 속에서 죽게 될 것입니다.

 마지막으로 하나님에 대해서 어느 정도 알고 있고 스스로 죽음을 준비하려는 노력을 전혀 하고 있지 않다는 것을 어느 정도 알고 있는 사람들에게 말씀드립니다. 우리 안에서는 스스로를 일깨우려는 마음도, 하나님의 날이 임하는 것을 맞이하러 나가는 황급한 마음도, 신랑을 만나러 나가는 설레임도 거의 찾아볼 수 없습니다. 매일 죽음을 향해서 가까이 나아가지만 그리스도와 하나님의 날이 오는 것을 기다리며 황급한 마음으로 나아가는 사람은 얼마나 적은지요!

이제 말씀을 마치려고 합니다. 우리가 죽음에 대해서 들을 수 있는 기회를 더 갖기 전에 우리 중에 많은 이들이 죽음을 맞게 될지도 모릅니다. 그러니 그것을 우리가 주 그리스도 안에서 죽음을 맞이하고 영원토록 형용할 수 없는 축복을 받을 수 있도록 너무나 많이 잊혀졌지만 언제나 기억되어야 할 것에 더 마음을 기울이라는 하늘의 음성으로 여기십시오.

6
죽음은 묵상을 위한
합당한 주제이다

"주 안에서 죽는 자들은 복이 있도다"(계 14:13).

이 말씀에 대해서 처음 의도했던 것보다 더 많은 말씀을 드렸지만 아직 너무나 중요한 것은 말하지 못했습니다. 그것은 이 말씀이 의미하는 주된 메시지라고 할 수 있을 것입니다. 저는 그것을 이 말씀 속에 있는 성령의 목적과 의도를 생각해 봄으로써 살펴보려고 합니다. 그것은 앞에 나오는 말씀이나 뒤에 이어지는 말씀과 특별한 연관성이 없이 독자적으로 나옵니다. 역사의 연속성 상에 끼어들어 그 연속성을 끊어 놓는 것처럼 보이는 이 말씀이 심판의 선고와 예언 사이에 왜 나오는 것입니까? "내가 들으니 하늘에서 음성이 나서 가로되 기록하라 지금 이후로 주 안에서 죽는 자들은 복이 있도다." 분명 몇 가지 이유가 있습니다.

저는 말씀 속에서 특별히 성령의 영역을 가리킬 뿐만 아니라 두 가지 교리의 근거가 되는 두 가지 이유를 제시하고자 합니다. 첫 번째 이유는 하나님께서 자기 교회에 임하게 될 애통한 일들과 원수들에게 임할 심판에 대하여 말씀하시면서 자기 백성들에게 주시는 묵상의 근거로서 이것을 제시하신다는 것입니다. 그러므로 우리가 심판을 적들에게 임하는 것으로 보든, 혹은 그의 백성들이 만나야 할 시련과 유혹으로 보든 그것은 시기적절한 교훈의 역할을 합니다. 그것은 그들에게 그 자체로 분명한 유익을 줍니다. 두 번째 이유는 죽음이 빈번히 일어나고 시련과 혼란이 점점 증가할 때 하나님께서 그 말씀을 통해서 자기 백성들을 위로하시고 격려하시기 위한 것입니다. 그것은 주님께서 칠흑처럼 어둡고 가장 비통한 시대에도 그분 안에서 죽는 사람들에게 "그들은 복이 있도다"라는 선언을 해 주셨기 때문에 죽음이 그들에게 고통스럽거나 두려움의 대상이 되지 못하도록 하기 위해서입니다.

이 두 가지가 이 말씀의 주된 내용이며 전자는 사람들로 하여금 죽음을 준비하게 하기 위한 것이고 후자는 죽음에 대해서 그들을 위로하기 위한 것입니다. 이 두 가지는 우리에게 다음의 두 가지 유용한 교리를 전해 줍니다.

교리 1. 죽음과 주 안에서 죽는 자들의 축복은 특별히 역경의 시기에 하나님의 사람들에게 유익을 주는 합당한 묵상 주제입니다.

하나님의 사람들을 위해서 가장 적절한 때를 아시고 모든 상황을 계획해 놓으시는 지혜로운 성령님께서는 그때가 가장 적절하고 합당한 때가 아니었다면 그렇게 갑작스럽게 끼어드시지 않았을 것입니다. 성경의 모든 말씀 중에서 이 말씀처럼 놀라운 전환을 이루는 것도 없을 것입니다. 그것은 물론 이 책을 읽는 자들이 이 기억할 만한 구절에 이르렀을 때보다 진지하게 묵상하도록 그들의 마음을 흔들어 놓기 위한 것입니다.

이 교리를 보다 분명히 해 주는 것으로, 가장 거룩했던 사람들이 죽음에 대해서 가장 많이 묵상했다는 것을 들 수 있습니다. 그래서 다윗은 다음과 같이 기도했습니다. "여호와여 나의 종말과 연한의 어떠함을 알게 하사 나로 나의 연약함을 알게 하소서"(시 39:4) 모세는 "우리에게 우리 날 계수함을 가르치사 지혜의 마음을 얻게 하소서"(시 90:12)라고 기도했습니다. 우리의 날을 계수하는 것은 우리에게 다가오는 죽음을 진지하게 묵상하는 것입니다. 또한 우리는 누가복음 9장 31절에서 찬양받으실 주 예수 그리스도의 본을 볼 수 있습니다. 그분께서는 모세와 엘리야와 함께 산에서 변화된 모습으로 자신의 죽음에 대해서, 장차 예루살렘에서 별세하실 것에 대해서 말씀하십니다. 그분의 죽음이 우리의 죽음과는 다른 특별한 것이었다고 해도 우리에게도 그분처럼 죽음에 대해 말하고 준비해야 할 의무는 동일하게 있는 것입니다. 오, 솔로몬이 얼마나 죽음에 대해서 묵상할 것을 강조하고 있는지요!(전 7:2, 11:8, 9, 12장)

그러나 이 교리를 보다 구체화하고 명확히 하기 위해서 저는 그 안에 담겨진 다음의 세 가지를 말하고자 합니다. 죽음이 합당한 묵상 주제라고 말할 때 그것은 무슨 뜻입니까? 그것을 묵상하는 것이 하나님의 백성들에게 어떤 유익을 줍니까? 특별히 악한 시대에 그것을 묵상하는 것이 유익이 된다는 것은 무슨 의미입니까?

1. 죽음을 합당한 묵상 주제라고 말할 때 우리는 그것을 죽음 앞에 오는 것과 죽음과 함께 오는 것, 그리고 죽음 뒤에 오는 것들과 엄격하게 구별되는 것으로 생각하지 말아야 합니다. 첫째, 우리는 죽음의 확실성은 받아들이지만 그것이 언제, 어떤 상황에서 올지는 전혀 알지 못합니다. 그때 죽음

은 모든 육체가 가야 할 당연한 길로서 그 때와 방법을 알 수도 없고 얼마나 놀랍고 갑작스럽게 찾아올지도 알 수 없지만 어떤 인간도 면제받을 수 없는 길로 간주됩니다. 둘째, 죽음을 묵상 주제라고 말할 때 우리는 그것과 함께 찾아오는 모든 것을 받아들입니다. 그것은 죽음과 함께 찾아오는 모든 질문과 죄의식, 유혹, 공포, 염려, 죽어가는 사람에 대한 사람들의 평가, 그리고 그들의 세대에 어떤 유익한 일도 할 수 없게 만드는 고통과 질병입니다. 이 모든 것은 죽음에 대한 묵상의 일부분으로 받아들여져야 합니다. 셋째, 죽음을 묵상 주제로 말할 때 우리는 인간의 타락 후에 온 자연적이고 보편적인 죽음을 뜻하는 것이 아닙니다. 오히려 우리는 그것을 몇 가지 종류로, 즉 죄 속에서 죽는 것과 주 안에서 죽는 것, 첫 번째 죽음과 두 번째 죽음으로 구별해야 합니다. 우리는 죽음을 한편으로는 저주의 결과로, 다른 한편으로는 하나님의 사랑 안에 깊이 잠기어 영원한 축복으로 들어가는 문으로 바라보아야 합니다. 넷째, 죽음을 묵상 주제라고 말할 때 우리는 죽음 바로 뒤에 기다리고 있는 죽음의 결과, 즉 우리가 하나님과 영원한 심판 앞에 서게 될 것을 받아들여야 합니다. 그것은 축복과 저주의 변함없는 상태로 들어가는 것이며 번복할 수 없는 선고를 직면하는 것입니다. 그것은 그리스도 안에서 죽는 자들의 영원한 축복과 죄 속에서 죽는 자들의 영원한 비참함과 직면하는 것이며 어떤 인간도, 어떤 천사도 상상할 수 없는 완벽한 기쁨과 영원히 계속되는 철저한 비애와 마주하는 것입니다.

죽음을 묵상 주제라고 말할 때 우리는 그것이 언제나 묵상하기에 합당한 주제라는 뜻으로 말하는 것입니다. 묵상을 위해서 따로 정해 놓은 엄숙한 시간뿐만 아니라 일하는 중에서도, 가장 기쁜 순간이나 가장 슬픈 순간에도 이 모든 것에 종지부를 찍을 그날이 이르기 전에 그날을 진지하게 묵상해야 한다는 말입니다. 청년의 때에 있는 자들은 이 어둠의 날이 당신에게 다가오고 있음을 생각하십시오. 특별히 죽음의 그림자가 감은 눈 위에 내려앉고 힘있고 강한 사람의 허리가 굽어지는 황혼기에 있는 사람이라면 더욱 이것을 묵상하십시오.

2. 죽음에 대한 묵상을 우리 모두에게 권면하기 위해서 그것으로부터 흘러나오는 유익이 어떤 것이 있는지 생각해 보겠습니다. 죽음에 대한 묵상은 성경에서도 자주 언급되는 것으로 믿는 자들에게 커다란 유익을 줍니다. 그래서 저는 당신에게 그것의 필요성뿐만 아니라 그것의 유익에 대해서 말하려고 합니다.

첫째, 지금까지 말한 진리를 활용하는 것이 주로 죽음과 그것을 동반하는 것들에 대한 묵상에 달려 있습니다. 우리가 성경과 묵상을 통해서 그것을 확인하려는 수고를 기울이지 않는다면 좋은 죽음을 맞이하는 것이 얼마나 크고 중요한 일이며 그렇게 죽는 사람들의 축복이 어떤 것인지 바르게 알고 믿는 것은 불가능합니다. 사람들은 하나님과 자기 사이에 있는 다툼과 갈등을 한번 흘낏 바라볼 뿐 오랫동안 응시하려고 하지 않습니다. 그들은 죽음 뒤편에 있는 것이 어떤 것인지 진지하게 생각하려고도 하지 않습니다. 그리고는 정작 그것이 찾아왔을 때 놀라움과 두려움 속에서 맞게 되는 것입니다. 그러나 이미 그것에 대해서 친숙하게 알고 있는 사람은 죽음을 담대하게 마주 대할 수 있습니다.

둘째, 죽음에 대한 생각보다 하나님과 그리스도께 더 높은 가치를 두게 하는 것은 없습니다. 죽음에 대한 생각은 사람들을 그분의 심판대 앞으로 더 가까이 끌고 갑니다. 그리고는 심판자이신 그분을 바라보게 합니다. 그것은 그들로 하여금 한편으로는 자신이 얼마나 비열하고 하찮으며 보잘것없고 야비한 존재인지를, 다른 한편으로는 하나님이 얼마나 크고 전능하신 분인지를 생각하게 만듭니다. 다윗과 욥이 얼마나 탁월하고 장엄하게 하나님에 대해서 선포하고 있는지요!

그들은 한편으로는 무덤과 육신을 덮는 벌레에 대해서 이야기하면서 다른 한편으로는 하나님의 장엄하심과 위대하심을 높이 찬양하고 있습니다. 죽음에 대한 묵상은 하나님은 어떤 분이시고 우리는 어떤 존재인가에 대한 생각을 아주 가까이 다가오게 만듭니다. 그리고 죽음의 순간과 죽음 이후에 그분이 어떤 분인지 우리가 깨닫게 될 것에 대해서 미리 보여 줍니다. 하나님에 대한 경외심의 뿌리가 죽음에 대한 진지한 묵상이라면 인간이 심판의 날을 멀리하는 것은 하나님을 무시하는 교만한 마음의 뿌리입니다.

셋째, 믿는 사람이 은혜를 받은 다른 사람들과 대화를 나누거나 혹은 타락 속에 거하는 자들과 대화를 나누는 것을 본다면 우리는 죽음에 대한 묵상이 너무나 필요하고 유익하다는 것을 깨닫게 됩니다. 죽음에 대한 묵상은 믿는 자로 하여금 다른 사람들을 사랑하고 교화하게 만들고 그릇된 행동을 하지 못하게 합니다. 그리고 더 많이 인내하고 더 잘 용서하게 됩니다. 우리가 가진 세상적인 기질은 죽음에 대한 생각이 합당하게 누릴 만한 것이 아니라면 그것을 아예 하지 않으려는 경향이 있습니다. 그러나 하나님의 축복 안에서 나눈 삼십 분의 대화가 그것이 없는 수많은 날들의 논쟁보다 더 우리를 교화하고 유익하게 해 줍니다.

넷째, 죽음에 대한 묵상은 영혼을 가장 진지하고 잠잠케 만듭니다. 그것은 마음을 가라앉히고 헛된 것들로부터 돌이키게 하며 그가 추구하는 대상이 되지 못하도록 그것들을 제거합니다. 오히려 그 헛된 것들에 대해서 그를 십자가에 못 박습니다. 사람들은 진지하게 죽음에 대해서 이해할 때보다 더 진지하고 더 좋은 마음 상태에 있을 수 없습니다. 병에 걸리거나 위험에 처하게 되면 사람들은 평상시보다 쉽게 다른 마음 상태가 됩니다. 그러나 그 위험이 사라지면 그의 마음은 또다시 둔해지고 맙니다. 그러나 우리가 죽음에 대해서 더 많이 묵상할수록 이런 마음 상태는 더 오래 지속될 것입니다.

죽음에 대한 묵상은 하나님의 축복을 통해서 원죄로 말미암아 어두워지고 악한 것을 선한 것으로, 선한 것을 악한 것으로 여기는 인간의 판단을 교정하는 역할을 합니다. 그것은 인간을 지혜롭고 분별력이 있으며 신중하고 겸손한 자로 만듭니다. 사람들이 건강하고 이런 묵상을 하지 않을 때는 자신의 평판보다는 오히려 자신의 양심을 손상시킵니다. 자신의 헛간을 가득 채우고 세상에서 자기를 둘러싼 모든 일이 다 잘되어 가고 있다는 생각이 그들의 마음을 가득 채웁니다. 그러나 죽음에 대한 진지한 묵상은 사물을 바르게 분별하고 판단할 수 있는 지혜를 줍니다. 그래서 모세는 시편 90편에서 죽음에 대해서 묵상하는 것과 지혜의 마음을 얻는 것을 함께 결합하고 있는 것입니다. ("우리에게 우리 날 계수함을 가르치사 지혜의 마음을 얻게 하소서!" 12절 참조)

죽음에 대해서 생각하지 않을 때 사람들은 그들의 발목을 걸려 넘어지게 만드는 많은 것들로 마음을 가득 채웁니다. 그들은 우물로 달려가고 샘을 향해서는 등을 돌려 버립니다. 죽음에 대한 진지한 묵상은 이런 것들의 헛됨과 공허함을 깨닫게 해 줍니다. 죽음의 순간에 자신이 그토록 중요하게 생각했던 것들이 결국 너무나 보잘것없는 것임을 깨닫는 자들을 얼마나 많이 보게 되는지요! 그리고 그런 것들에 휩쓸려 다녔던 스스로를 어리석은 자라고 부르는 자들을 얼마나 많이 보게 되는지요! 성령님께서 그런 선택을 하는 자들을 어리석은 자라고 부르십니다.

죽음에 대한 묵상이 판단력을 밝혀 주듯이 그것은 또한 사랑과 관심의 질서를 바로잡아 주고 열정을 다스려 줍니다. 그래서 솔로몬이 청년에게 이야기할 때 역설적으로 그들에게 즐기며 웃으라고 말하면서 동시에 이 모든 것에 대해서 심판을 받게 될 것을 기억해야 한다고 일침을 가합니다. 죽음과 심판에 대한 묵상은 웃는 자에게 "너는 어리석은 자이다."라고 말합니다. 그리고 환락과 즐거움에 빠져 있는 자에게 "너는 무엇을 하고 있느냐?"라고 말합니다. 그것은 사람들로 하여금 웃음과 환락이 허영과 어리석음, 광기임을 깨닫게 만들 것입니다. 죽음에 대한 묵상은 가벼움을 묶어 두는 확실한 고삐입니다.

이것은 우리에게 금욕을 기르게 해 주고 세상의 덫으로부터 벗어나게 하며 그리스도를 따르는 것에 집중하게 하고 자기 부인을 할 수 있도록 돕습니다. 죽음은 "어리석은 자여 오늘 밤에 네 영혼을 도로 찾으리니 그러면 네 예비한 것이 뉘 것이 되겠느냐"(눅 12:20)라고 말합니다. 그것은 사람들에게 주연을 베풀고 좋은 교제를 나누는 것에서 더는 아무런 흥미도 느끼지 못하게 만듭니다. 그때 양심은 "네가 술 취한 채 손에 술잔을 든 채로 죽는다면 어떻게 하겠느냐?"라고 말합니다. 죽음에 대한 묵상은 사람들로 하여금 세상과 부, 즐거움, 명예 따위에 더 이상 관심을 갖지 않게 만듭니다. 그 모든 것을 불쾌하고 흥미 없는 것으로 만들어 버리기 때문입니다.

한마디로 그것은 교만과 탐심과 세상적인 욕구를 억제합니다. 우리는 다윗에게서 교만을 억제하는 것을 봅니다. 그는 다음과 같이 말합니다. "여호와여 나의 종말과 연한의 어떠함을 알게 하사 나로 나의 연약함을 알게 하소서"(시 39:4). 욥은 "무덤더러 너는 내 아비라, 구더기더러 너는 내 어미, 내 자매라"(욥 17:14)라고 말합니다. 교만은 우리에게 "너는 흙이니 흙으로 돌아갈 것이다"(창 3:19)라고 말하게 만듭니다.

죽음에 대한 묵상은 탐심을 억제합니다. 그것은 마음을 흔들어서 세상으로부터 분리되게 만들고 다른 것을 계속 생각하게 만듭니다. 죽음이 다가올 때 얼마나 많은 사람들이 스스로 세상의 덫에 걸려 넘어졌고 기만당해 왔다고 말해야 하는지요!

그것은 세상적인 욕구를 억제합니다. 헛된 육신적 욕구들이 죽음을 앞둔 사람에게 무엇을 해 줄 수 있습니까? 지금은 즐거움과 행복에 젖어 있다 할지라도 그 모든 즐거움은 그들에게 얼마 안 있어 하나님의 심판대에 서게 될 것이라고 말할 뿐입니다. 만일 죽음에 대한 묵상이 이런 욕구를 묶어 두는 고삐가 될 수 없다면 과연 어떤 것이 그것을 묶어 두는 고삐가 될 수 있는지 궁금할 뿐입니다.

죽음에 대한 묵상은 사람으로 하여금 모든 의무를 부지런히 실천하게 만듭니다. 그리고 그 모든 것에 진지하고 건전한 마음으로 매달리도록 이끕니다. 죽음에 대해서 진지하게 묵상한 후에 듣는 한 번의 설교와 기도가 묵상이 없이 들었던 수많은 설교보다 더 많은 무게를 지닐 수밖에 없고 더 많은 열매를 맺을 수밖에 없습니다. 그것은 우리로 하여금 겸손과 자기 성찰, 자기 반성의 자리에 앉게 합니다. 그것은 영혼으로 하여금 하나님을 경외하는 삶을 살도록 이끌 뿐만 아니라 그분에 대한 경외감 속에 서도록 인도합니다. 또한 그것은 회개와 기도 속으로 더 깊이 들어가게 만들며 이런 깨어짐을 통해서 그들은 더 깨끗한 그릇으로 정화됩니다. 그들은 회개와 기도, 희생 제물을 통해서 스스로 죽음을 준비합니다. 우리는 요나와 함께 배에 타고 있었던 이교도들에게서도 그런 모습을 찾아볼 수 있습니다. 죽음에 대한 묵상이 패역한 자들을 종교의 형태로 이끈다면 믿는 자들은 이런 의무와 신앙 규칙을 실천하는 데 있어서 더 얼마나 진지해지겠습니까? 만약 하나님께서 죽음의 순간에 진지함을 그들에게 허락하신다면 그들의 기도는 이전 어느 때보다도 더 유용하고 간절할 것입니다.

십자가를 기꺼이 지려는 마음은 큰 도움이 됩니다. 죽음에 대해서 묵상하는 사람이 만일 자신의 땅과 재산이 몰수당하거나 자기 집이 불타 버리는 것을 지켜보거나 혹은 자신의 땅이 쓸모없이 황폐하게 되는 것을 본다 한들 그것에 얼마나 신경을 쓰겠습니까? 죽음이 이 모든 것에 종지부를 찍을 것이라는 것을 알고 있는데 말입니다.

죽음에 대한 묵상이 모든 의무를 부지런히 감당하게 만들고 모든 악으로부터 멀리하게 만드는 한편 또한 죽음 자체를 철저히 준비하게 만듭니다. 그것은 이 말씀에서 대단히 중요한 부분입니다. 솔로몬은 전도서 12장에서 질병과 노년은 젊은이로 하여금 죽음이 찾아오기 전에 미리 그것을 준비하게 만드는 것이라고 묘사했습니다. 그리고 죽음에 대한 묵상으로부터 특별히 다른 유익을 얻지 못한다고 해도 두려움과 놀라움 속에서 죽음을 맞지 않는다는 것만으로도 대단히 큰 유익임에 틀림없습니다. 그렇습니다. 어떤 의미에서 그것은 죽음의 쓰라린 고통을 완화시켜 줍니다. 그래서 죽음을 진지하게 생각해온 사람들에게는 죽음이 그렇지 않은 사람들만큼 두려운 존재가 아닙니다. 죽음이 찾아오기 전에 그것이 주는 교훈에 대해서 한 번도 진지하게 생각해 보지 않은 사람이 죽음의 순간에 깊은 두려움에 빠지거나 머리 속이 텅 빈 사람처럼 어리석어지는 것이 전혀 놀랍거나 이상한 일이 아닐 것입니다.

3. 죽음에 대한 묵상은 특별히 악한 시대에 많은 유익을 줍니다. 그것은 본문 말씀이 다루고 있는 주된 영역입니다.

또한 그것은 다윗을 비롯한 많은 경건한 사람들의 생각이기도 합니다. 저는 죽음에 대한 묵상이 마치 번영과 평화의 시대에는 할 필요가 없고 특별히 악한 시대에만 유익을 주는 것이라고 말하는 것이 아닙니다. 다만 그것이 악한 시대에 절대적으로 필요하며 특별한 유익을 준다는 뜻입니다. 그것이 갖는 커다란 필요성과 유익은 악한 시대와 동반하는 다음의 세 가지 것으로부터 야기됩니다.

첫째, 많은 올무와 유혹입니다. 악한 시대에 혈과 육은 선한 양심을 쉽게 접고 자기 보호를 택하려고 합니다. 그러나 죽음에 대한 묵상은 그런 유혹으로부터 보호막을 칩니다. 유혹이 "이봐, 너 자신을 아끼고 구해라."라고 말하면 죽음을 묵상하던 영혼은 말합니다. "내가 자기 보호라는 올무에 져서 포기한다면 얼마 안 있어서 나의 선한 양심을 잃을지 모른다. 그러나 나에게 살 수 있는 날이 채 일 년도 남지 않았을지 어떻게 알 수 있는가? 내가 설사 이십 년을 살게 된다고 해도 나는 그것에 대해서 해명하기 위해서 하나님의 심판대 앞에 서야 할 것이다. 따라서 나는 차라리 내 생명을 잃을지 언정 하나님의 노를 일으켜서 나의 양심을 손상시키고 파멸의 길을 가지는 않을 것이다." 그러므로 사도 바울은 고린도후서 5장에서 그가 외적인 것들에 의해서 흔들리지 않았다고 말하고 있는 것입니다.

둘째, 세상적인 슬픔, 의기소침, 당황, 낙담입니다. 죽음을 묵상하는 것은 이런 것들을 완화시켜 줍니다. 죽음에 대한 묵상은 경건한 자들이 겪을 수 있는 낙담케 하는 일들이 영원한 것이 아니라고 말합니다. 그것은 우리의 슬픔을 견딜 만한 것으로 만들어 주고 세상적인 생각들로부터 더 유익한 것으로 우리의 마음을 돌려놓습니다. 그것은 마음을 편안하게 만들고 폭풍우를 잠재우며 외적인 어려움과 시련이 일으키는 혼란을 평탄케 합니다. 그것은 슬픔 속에서 유익을 끌어내 줍니다.

셋째, 많은 혼란과 불안입니다. 위, 아래와 앞, 뒤의 순서가 바뀌었을 때 우리는 무엇인가 불안하고 혼란을 느낍니다. 이러한 혼란으로 인해 우리의 마음은 쉽게 비틀거리고 술 취한 사람처럼 휘청거립니다. 그러나 죽음에 대한 묵상은 죽음이 머지않아 이 모든 것에 종지부를 찍을 것이라고 말합니다. 그리고 그것에 대한 인식과 판단을 다시 한 번 새롭게 해 줍니다. 전도서 3장 16, 17절을 보십시오. 솔로몬은 "내가 해 아래서 또 보건대 재판하는 곳에 악이 있고 공의를 행하는 곳에도 악이 있도다"라고 말합니다. 그리고 이것에 대해서 그는 무엇으로부터 위로를 얻습니까? "내가 심중에 이르기를 의인과 악인을 하나님이 심판하시리니 이는 모든 목적과 모든 일이 이룰 때가 있음이라 하였으며." 종종 이 세상에서는 적절한 때를 놓칠 때가 있습니다. 그러나 죽음의 시간은 한치의 오차도 없는 정확한 때입니다. 이 세상에는 잘못 내려진 선고가 있을 수 있습니다. 그러나 그곳에서는 그런 것을 전혀 찾아볼 수 없을 것입니다. 그 생각이 그의 마음을 위로하고 있는 것입니다.

— 적 용 —

권면을 위하여. 앞에서 말한 모든 것은 너무나 중요하지만 소홀히 여겨온 의무, 즉 죽음에 관한 일반적인 묵상뿐만 아니라 구체적인 묵상을 당신에게 권면해 주는 역할을 합니다. 사람들은 마치 그 의무가 하나님의 말씀 안에 없는 것처럼 그것에 마음을 기울이지 않습니다. 그러나 사실 그것은 성경 안에서 자주 언급되고 있습니다. 그것은 특별히 심한 혼란 속에 빠진 세대에게 절실히 필요합니다. 너무나 많은 올무와 슬픔, 애통함의 이유들로 가득 찬 세대에 말입니다. 그 세대는 너무나 많은 사람들이 세상의 무게에 짓눌리고 낙담에 빠져 있으며 잘못된 길로 가고 있습니다. 저는 이 본문이 수확

기가 다 이르기 전에 적그리스도를 향한 하나님의 심판을 시작하는 때인 이 시대와 관련이 있다고 생각합니다. 그래서 저는 이 적용을 좀더 구체적으로 말하고 싶습니다. 그것은 이 적용이 대단히 유용하기 때문이고 당신으로 하여금 제가 이 목적을 위해서 말한 모든 것을 열심히 실천하게 만드는 주목할 만한 수단이기 때문입니다. 그것은 좋은 죽음을 맞이하기 위해서 좋은 삶을 살게 만드는 지침들에 우리가 마음을 기울이게 만듭니다. 죽음에 대해서 관심이 없으면서 이런 지침에 마음을 쓴다는 것은 있을 수 없습니다. 자신의 마지막 순간에 관심을 기울이지 않는 사람은 결코 그 수단과 방법에 관심을 기울일 수가 없기 때문입니다.

그래서 저는 죽음에 대해서 어떻게 생각해야 하는지를 보여 주고 도움을 주는 몇 가지 지침들을 간단히 살펴보고자 합니다.

지침 1. 묵상할 때 구체적으로 하십시오. 그것을 당신 자신에게 구체적으로 적용하십시오. 죽음이 모든 사람에게 공통된 것이라는 것을 당연하게 여기는 것만으로는 충분하지가 않습니다. 그래서 욥은 "내가 아나이다 주께서 나를 죽게 하사 모든 생물을 위하여 정한 집으로 끌어가시리이다"(욥 30:23)라고 말합니다. 다윗도 "여호와여 나의 종말과 연한의 어떠함을 알게 하사 나로 나의 연약함을 알게 하소서"(시 39:4)라고 말했습니다. 죽음의 모든 과정을 통과해 가십시오. 자신의 죽음이 어떠할지 생각해 보십시오. 당신에게 임하는 문제들과 유혹, 상념들이 어떤 것일지, 그리고 죽음이 당신에게 어떤 결과를 가져다 줄지 생각해 보십시오. 그때 당신은 자신을 심판할 심판자를 정면으로 마주쳐야 할 것입니다.

지침 2. 묵상 속에서 당신이 걸어온 길을 반성의 눈으로 뒤돌아보십시오. 무엇이 사람으로 하여금 죽음을 잘 준비하게 하는지 생각하며 그런 준비가 당신 안에도 있는지 살펴보십시오. 당신의 길이 성경이 제시하고 있는 길에 얼마나 부합되는지 비교해 보십시오. 그리고 죽음의 순간에 당신이 만나게 될 질문들에 답변하기 위해서 어떤 과정을 택해야 하는지 생각해 보십시오. 욥은 우리에게 "남종이나 여종이 나로 더불어 쟁변할 때에 내가 언제 그의 사정을 멸시하였던가"(욥 31:13)라고 말합니다. 그리고 "그리하였으면 하나님이 일어나실 때에는 내가 어떻게 하겠느냐 하나님이 국문하실 때에는 내가 무엇이라 대답하겠느냐"(욥 31:14)라고 답변합니다.

지침 3. 죽음에 대한 묵상 속에서 당신의 마음이 감동받기를 구하십시오. 이것은 묵상의 주된 목적입니다. 그렇지 않다면 우리는 단지 죽음과 심판을 알리기 위해서 이리저리 분주히 달리고 헤매고 다니지만 결국 아무 유익도 얻지 못하게 될 것입니다. 그러나 그것은 결국 아무 유익도 주지 못합니다. 묵상은 마음을 녹일 수 있어야 합니다. 다윗의 경우를 보십시오. 그는 "내가 하나님을 생각하고 불안하여 근심하니 내 심령이 상하도다(셀라)"(시 77:3), "골수와 기름진 것을 먹음과 같이 내 영혼이 만족할 것이라"(시 63:5)라고 노래합니다. 죽음을 묵상하는 것에는 이와 같은 마음의 울림이 있어야 합니다. 영혼이 아무런 마음의 감동 없이 죽음에 대해서 생각할 때 그것은 단지 마음을 두려움으로 가득 채울 뿐입니다. 영혼이 깊은 감동 속에 거하고 있다면 그것은 마음을 위로와 기쁨으로 가득 채웁니다. 그리스도 안에서 맞이하는 죽음으로 한 발 더 가까이 나가기 위해서 그것에 대한 묵상 속에 깊이 잠기는 것은 진정 유익한 일입니다. 마음에 아무런 영향을 주지 못하는 묵상은 금방 뱉어 버릴 고기를 씹는 것과 같으며 유용한 것을 사용하지 않은 채 바라보기만 하는 것과 같습니다. 설교를 듣거나 죽음에 대해서 말하고 생각하는 것이 우리 마음에 아무런 영향도 끼치지 않는다면 그것과 다를 것이 없습니다.

지침 4. 실질적인 묵상을 하도록 추구하십시오. 그것은 당신의 묵상을 유용하게 적용할 수 있도록 목적을 맞추라는 뜻입니다. 당신이 잘못된 것을 발견할 때 즉시 그것을 고치십시오. 당신이 영적으로 유익한 것을 발견하게 되면 단호하고 결단력 있게 그것에 집중하고 매달리고 그것을 도달하기 위한 모든 수단을 활용하십시오.

지침 5. 하나님 앞에 나아가 기도하는 일에 힘쓰십시오. 그분을 의지하는 마음으로 그분의 도우심과 축복을 구하는 기도와 함께 그분께서 명령하신 의무를 행하듯 죽음에 대한 묵상에 힘쓰십시오. 그러나 많은 사람들이 죽음에 대한 묵상을 구체적인 의무처럼 여기지 않습니다. 묵상이 그토록 가볍게 취급당하는 이유가 바로 그것입니다.

묵상을 의무로서 권면하는 것에는 다음의 세 가지 의미가 들어 있습니다.

첫째, 그것을 하나님의 요구로, 다른 의무에 못지않을 만큼 유용하고 유익한 의무로 여기십시오.

둘째, 그분의 임재 안에서 그 의무에 힘쓰십시오. 일반적으로 사람들은 기도보다는 묵상에 더 게으릅니다. 그러나 그분께서는 당신의 기도뿐만 아니라 묵상 또한 보고 듣는 분입니다. 그분은 묵상의 가장 커다란 주제이십니다. 그리고 묵상은 그분께서 우리에게 주신 명령입니다. 합당한 묵상은 성령에 의해서 이루어지고 또 그렇게 이루어져야 합니다. 그리고 당신은 기도 속에서뿐만 아니라 묵상 속에서도 당신의 생각과 마음을 다스려 달라고 그분께 의지해야 합니다.

셋째, 그것을 위해서 시간을 투자하십시오. 당신이 불필요한 일을 하고 있다는 생각이 들면 그 일을 멈추고 대신 묵상을 하십시오. 기도를 통해서 다른 의무뿐만 아니라 이 특별한 의무를 하는 것에도 하나님의 인도하심을 구하십시오. 이것에 대해서 모세는 "우리에게 우리 날 계수함을 가르치사 지혜의 마음을 얻게 하소서"(시편 90:12)라고 말합니다. 묵상의 어려움으로 인해서 놀라지 마십시오. 일반적으로 묵상은 어렵고 힘듭니다. 더욱이 죽음에 대한 묵상은 우리가 자연스럽게 피하게 되는 주제이기 때문에 더욱 힘이 들 수밖에 없습니다. 그래서 다윗은 이렇게 기도했습니다. "여호와여, 나의 종말과 연한의 어떠함을 알게 하사 나로 나의 연약함을 알게 하소서"(시편 39:4). 그러나 그것을 더 자주 습관적으로 실천하게 되면 하나님의 축복을 통해서 더 쉬워질 것입니다.

이 의무를 실천하는 것이 어렵기 때문에 그것을 도울 수 있는 몇 가지 조언을 하려고 합니다. 다음에 나오는 조언들을 통해서 당신은 많은 용기를 얻을 수 있을 것입니다.

조언 1. 당신 주위에서 빈번하게 일어나는 죽음과 장례식을 보며 진지하게 생각해 보십시오. 그 장례식의 주인공들 중에는 당신보다 더 어리고 건강하며 강한 사람들도 있을 것입니다. 그때 당신 자신을 반추해 보고 당신이 죽음에 준비되어 있는지 살펴보십시오. 집에 있을 때나 거리를 다닐 때, 사람들의 죽음을 알리는 조종 소리를 들을 때, 혹은 죽은 사람이 묘지에 묻히는 것을 볼 때 진지하게 자신을 뒤돌아보며 생각하십시오. 그것이 당신에게 도움이 될 것입니다. 그래서 솔로몬은 "죽는 날이 출생하는 날보다 나으며"(전 7:1)라고 말했습니다. 그리고 그 이유가 "산 자가 이것에 유심하리로다"(7:2)라고 말합니다.

조언 2. 자신의 연약함과 병약함을 보고 생각하십시오. 때로 갑작스럽게 발병하는 경우를 제외하고는 누구나 크고 작은 질병을 지니고 있습니다. 그리고 그 모든 질병과 연약함에 대하여 "너는 흙이니 흙으로 돌아갈 것이니라"(창 3:19)라는 말씀 외에 더 무슨 말이 필요하겠습니까? 사람의 육신이 부패하기 시작할 때 그것은 급속도로 퍼져갑니다. 당신은 이 모든 질병과 연약함을 통해서 당신이 죽을 것이고 또 죽어야 한다고 큰소리로 울부짖는 소리를 듣습니다. 그리고 그것은 당신을 향해서 매일같이 부르짖습니다. 그것은 마치 어떤 사람이 문 앞에서 매일 아침마다 "너는 죽을 것이다!"라고 부르짖는 것과 같습니다.

조언 3. 다른 사람들에게 갑자기 일어나는 특별한 사건들을 생각해 보십시오. 어떤 이들은 갑자기 중풍으로 쓰러지기도 하고 어떤 이들은 갑자기 넘어져서 다시 일어나지 못하기도 합니다. 또 어떤 이들은 밖에 나갔다가 다시 돌아오지 못하기도 하고 어떤 이들은 광기에 사로잡히기도 합니다. 그리고 우리 중에 어느 누가 이런 것들로부터 완전히 자유하다고 말할 수 있습니까?

조언 4. 죽음에 대해서 이야기하는 성경 구절과 그것을 주제로 하는 다른 책들을 자주 읽고 묵상할 것을 권합니다. 그 책들은 인생의 짧음과 덧없음을 생생하게 묘사하고 있습니다. 그러나 많은 사람들이 그런 책보다는 무익하고 헛된 사랑 이야기를 읽는 것을 더 즐깁니다. 또 어떤 이들은 신비주의나 암울함, 회의적이고 무의미한 질문과 논쟁 따위에 빠지기도 합니다.

조언 5. 성경 속의 인물들이 어떤 죽음을 맞았는지 주의 깊게 살펴보십시오. 그것은 우리에게 죽음에 대해서 마음을 기울이도록 권고합니다. 죽음은 고린도후서 5장의 비유처럼 사람들이 입고 있던 옷을 벗는 것과 같은 것입니까? 죽음은 또한 휴식을 취하기 위해서 침상에 눕는 것입니까? 이사야

선지자는 "그는(의인은) 평안에 들어갔나니 무릇 정로로 행하는 자는 자기들의 침상에서 편히 쉬느니라"(사 57:2)라고 말합니다. 죽음은 잠에 비유되기도 합니다. "마음이 강한 자는 탈취를 당하여 자기 잠을 자고 장사는 자기 손을 놀리지 못하도다"(시 76:5). 당신이 잠자리에 들어갈 때 어떤 모습으로 침상에 눕는지 생각하고 어떤 것이 잘못되었는지 생각한다면, 당신이 그 말씀을 통해서 변화를 받아 그것에 따라 실천에 옮기겠다는 결단을 하며 아침에 일어나야 한다는 것을 생각한다면 그것은 유익한 묵상일 것입니다. 죽음은 또한 "모든 육체가 가는 길"이라고 불립니다. 우리는 그토록 빠른 속도로 다가오는 죽음에 마음을 기울이지 않은 채 우리의 연수를 셀 수 있습니까? 우리가 (가장 흔하고 일반적인 것 중 하나인데) 죽음에 대해서 마음을 기울이지 않은 채 잠시라도 호흡할 수 있습니까? 시편 104편 29절에서는 "주께서 낯을 숨기신즉 저희가 떨고 주께서 저희 호흡을 취하신즉 저희가 죽어 본흙으로 돌아가나이다"라고 말합니다. 우리의 이 끊임없이 계속될 것 같은 호흡에 마침표가 찍어지면 우리의 생명은 "너희 생명이 무엇이뇨? 너희는 잠깐 보이다가 없어지는 안개니라"(약 4:14)라고 말한 것처럼 한낱 한 방울의 수증기가 되어 공기 중으로 올라가고 다시는 돌아올 수 없습니다.

이렇듯 우리에게는 죽음에 마음을 기울이도록 만드는 충분한 근거들이 있습니다. 그러나 우리는 그런 것들에 얼마나 마음과 감정이 부족한지요! 그리고 이런 근거들을 이용할 영적인 관심이 얼마나 결핍되어 있는지요! 당신이 죽음에 대해서 더 많이 묵상하고 이런 것들을 당신을 도울 수단으로 삼기를 간절히 원합니다. 그리고 주님께서 당신에게 그것을 사용하셔서 축복해 주시기를 간절히 기도드립니다.

교훈과 죄의 자각을 위해서. 이것은 얼마나 유익한 교훈과 도전을 주는 것인지요! 만일 지금 이 순간이 죽음이 우리를 찾아오는 때라면, 우리가 심판자 앞에 서게 될 때라면 우리 중 얼마나 많은 이들이 자신의 마지막을 생각하며 양심적으로 깨끗하다고 말할 수 있을까요? 신명기 32장에서 어리석고 아둔한 백성이었던 구약의 이스라엘 백성들을 하나님께서 교훈하셨듯이 우리에게도 동일한 교훈을 주시기를 간구합니다. "오, 그들이 지혜롭다면! 오, 그들이 이것을 이해한다면! 그들이 자신의 마지막 순간을 생각한다면!" 많은 사람들이 죽음에 대한 묵상을 자신의 의무로 여기지 않고 스스로의 죄 속에서 그것을 무시해 온 것을 안타까움 속에서 떠올리게 될 것입니다. 그리고 저는 (이것은 더 악하고 안타까운 것인데) 많은 사람들이 그것을 자신의 의무로 놓으려는 결심조차 하지 않았다고 말할까 봐 그것이 두렵습니다. 그러나 당신이 그것을 자신의 의무로 삼고 마음을 기울이라는 명령에 순종하지 않는다면 그것이 당신의 죄가 된다는 것을, 그리고 그것이 당신이 마지막 순간에 만나야 할 질문이 된다는 것을 분명히 기억하십시오. 하나님께서 그것을 의무로 행하라고 주신 명령을 받지 못했다고 말하겠습니까? 그것을 실행에 옮기는 믿는 자들이 그것의 중요성을 말해 주고 있지 않습니까? 그 의무가 너무나 쉽고 간단하다는 것이 오히려 당신의 죄를 더 크게 만들 것입니다. 그리고 당신은 그것을 무시한 것에 대해서 더욱더 핑계를 댈 수 없을 것입니다. 우리 중에는 세상에 휩쓸린 것에 대해서, 우리 영혼의 경솔함과 변덕스러움, 부절제함, 세속화에 대해서 질문을 받지 않을 사람이 단 한 사람도 없습니다. 그것은 우리에게 죽음에 대해서 거의 둔감하게 만들어 아예 생각하지 않게 만듭니다. 설령 죽음에 대한 생각이 가끔 우리 마음속에 떠오른다고 해도 그것은 우리 마음속 깊은 곳까지 들어오지 못합니다. 그것은 우리의 감정과 마음을 일깨우지 못하며 합당한 인상도 남기지 않습니다. 만약 당신이 죽음에 대한 묵상을 진지하게 하기를 원한다면 당신은 그 열매가 얼마나 거룩한지 발견하게 될 것입니다. 그리고 그것은 당신의 마음을 진정시키고

6. 죽음은 묵상을 위한 합당한 주제이다

가라앉혀 줄 것입니다. 그리고 마지막 순간에 당신을 찾아올 것들에 대해서, 부르심을 받은 대로 행동하고 고난 받은 것에 대해서, 죽음 그 자체에 대해서 당신을 합당한 자로 만들어 줄 것입니다. 당신이 복된 열매를 발견하고 그것을 이용할 수 있도록 하나님께서 은혜를 베풀어 주시기를 간절히 기도드립니다.

7
죽음 안에서 믿는 자가 누리는 격려와 용기

"주 안에서 죽는 자들은 복이 있도다"(계 14:13).

죄가 세상에 들어온 후로 죽음은 인간이 만나야 하는 두려움 중에서 가장 큰 두려움이 되었습니다. 사실 앞으로 오게 될 또 다른 세상, 더 좋은 세상에 대해서 전혀 알지도 못하고 그곳으로 가는 길도 알지 못하는 사람들이 죽음을 그토록 두려워한다는 것은 전혀 놀랄 일이 아닙니다. 욥은 죽음을 "무서움의 왕"(욥 18:14)이라고 불렀습니다. 다른 모든 두려움은 그것에 비하면 사소하고 하찮기 짝이 없기 때문입니다. 믿는 자가 죽음에 대해서 대비하고 죽음이 그에 대해서 무장해제되었다는 것은 그리스도인이 가진 커다란 특권 중 하나입니다. 믿는 자에게 있어서 죽음은 다정한 친구와도 같습니다. 그에게 죽음은 더는 두려움의 대상이 되지 못합니다. 진정한 그리스도인들은 오직 그리스도에 대한 믿음을 통해서 가장 강인한 자도 (어떤 이들은 남자다운 강건함이라고 부르는 것으로, 어떤 이들은 절망적인 마음으로 마주 대하며 두려움을 이겨 내려고 노력하겠지만) 감히 정면으로 바라보지 못하는 이 죽음이라는 적에 대항하여 승리를 거둡니다.

본문 말씀은 장차 오게 될 재난과 시련 속에서 죽음이 얼마나 빈번하게 일어나게 될지, 그리고 믿는 자들이 어떻게 안식 속으로 들어가게 될지를 주께서 알고 계시다는 것을 보여 줍니다. 그분께서는 또한 그들의 죽음이 믿지 않는 세상의 눈에 얼마나 비열하게 보일지도 알고 계십니다. 그리고 그리스도와 그분의 진리를 위한 고난을 다른 곳으로 잘 전가시킬 수 있는 사람들이 유일하게 지혜롭고 행복한 사람들로 간주된다는 것 또한 알고 계십니다. 동시에 이것이 그들에게 얼마나 유혹이 될 것인지도 알고 계시기 때문에 그분께서는 시기적절하게 다정한 위로의 말씀을 허락해 주십니다. "주 안에서 죽는 자들은 복이 있도다." 그분께서는 악한 시대에 경건한 자들에게 힘을 주고 위로해 주시기 위해서 이 말씀을 주신 것입니다.

이것을 바탕으로 두 번째 교리를 제안합니다.

교리 하나님께서는 자기 안에 있는 믿는 자들에게 죽음의 두려움에 대하여 충분한 위로와 격려를 제공해 주셨습니다. 그래서 죽음이 그 자체로는 두려운 것이지만 그럼에도 불구하고 믿는 자들이 그것에 대한 충분한 격려의 근거를 소유하게 되는 것입니다. 그리고 그 때가 언제, 어떻게 임하든 하나님께서 그들을 부르실 때 잠잠하고 평안하게 죽을 수 있게 됩니다. 죽음 안에는 그들이 두려워해야 할 것이 전혀 없습니다. 하나님의 말씀은 그들에게 모든 두려움을 능히 이겨낼 만한 위로와 격려의 놀라운 근거를 제공해 주었습니다. 그리고 그 말씀에 대한 믿음 안에서 그들은 사망의 음침한 골짜기를 다닐지라도 확신 속에서 평안히 걸으며 어떤 해도 두려워하지 않을 수 있게 됩니다.

이 교리 안에는 동일한 목적을 가지고 있는 두 가지가 있습니다. 첫째는 주께서 믿는 자로 하여금 죽음 속에서 위로를 받게 하신다는 것입니다. 그리고 그것을 위해서 그분께서는 강한 위로의 근거들을 허락하셨습니다. 둘째, 이런 근거들을 갖고 있는 믿는 자는 죽음을 위로 속에서 즐겁게 견뎌내기 위해서 그것을 이용해야 합니다. 그래서 주님께서는 죽음과 심판에 대해서 말씀하시면서 그분 안에 거하는 믿는 자들에게 다음과 같이 명령하십니다. "이런 일이 되기를 시작하거든 일어나 머리를 들라 너희 구속이 가까이 왔느니라"(눅 21:28). 이 말씀 외에도 성경에서 이와 동일한 목적으로 자주 언급되고 있는 다른 많은 명령들이 있습니다. 그리고 얼마나 많은 성도들이 이런 근거에 의지하면서 가장 즐겁게 넘치는 위로 속에서 행복한 죽음을 맞이하는지요!

노년의 시므온을 예로 들겠습니다. 그는 누가복음 2장에서 다음과 같이 온유하게 말합니다. "종을 평안히 놓아 주시는도다"(29). 그는 죽기를 간절히 구했습니다. 그리고 사도 바울은 얼마나 간절하게 빌립보서 1장 21절에서 자신의 죽음을 갈망하며 얼마나 뜨겁게 그 생각을 환영하고 있는지요!

그 교리를 좀더 분명히 하기 위해서 저는 다음 두 가지를 더 말하려고 합니다. 일반적으로 죽음을 그토록 두렵게 만드는 것이 무엇입니까? 또한 위로를 주고 마음을 새롭게 하며 기운을 돋우는 근거는 무엇입니까? 혹은 믿는 자들에게 이런 두려움의 근거들에 맞서서 은혜의 길에서 힘을 갖게 만드는 생각들은 무엇입니까? 저는 죽음에 대해서 마치 단순하게 죽는 것이 위로가 되는 것처럼, 혹은 그것이 모든 이에게 동일하게 적용되는 것처럼 말하고 있는 것이 아닙니다. 결코 그렇지 않습니다. 그리스도 안에서 죽지 못하고 죄 속에서 죽는 모든 자들에게 있어서 죽음은 너무나 두렵고 끔찍한 것이기 때문입니다. 그러나 그분을 믿고 그분 안에서 죽을 수 있는 이 복된 길을 받아들이는 자에게 죽음은 너무나 위로 넘치고 마음을 새롭게 하며 힘을 주는 것입니다.

1. 죽음을 끔찍하고 두려워해야 할 것으로 만드는 것은 특별히 다음의 다섯 가지로 요약해 볼 수 있습니다.

(1) 죽음 안에는 그것을 두렵게 만드는 본질적인 것이 있습니다. 그것은 바로 영혼과 육체 사이에 있는 긴밀한 연합을 해체하는 것입니다. 가장 친밀한 이 두 요소의 분리는 인간에게 그 이상의 두려움과 공포를 줄 수 없습니다. 그리고 죽음이 곧 저주의 일부분이자 그 열매이며 인간이 하나님을 떠난 것으로 인해 얻은 쓴 열매이기 때문에 그것이 끔찍하고 두려운 것은 당연한 일입니다.

(2) 죽음 안에는 형벌이라고 부를 만한 요소가 있습니다. 죽음은 죄의 삯이기 때문에 율법으로부터 흘러나오는 질문들을 그 안에 가지고 있는데 그것은 다름 아닌 죄의 열매입니다. 또한 죽음은 그 안에 하나님의 율법을 어긴 것에 대하여 죄인을 통제하는 힘을 갖고 있습니다. 그리고 그것만으로도 모든 사람을 두려움에 떨게 하기에 충분할 것입니다. 그

러므로 성경은 "사망의 쏘는 것은 죄요"(고전 15:56)라고 말하고 있는 것입니다. 만일 그 안에 죄에 관한 의문이 없다면 사실상 죽음은 아무것도 아닐 것이기 때문입니다. 그리고 "죄의 권능은 율법이라"고 되어 있는데 그것은 율법이 "율법책에 기록된 대로 온갖 일을 항상 행하지 아니하는 자"(갈 3:10)를 저주하고 있기 때문입니다. 이런 것을 통해서 모든 인간을 다스리는 힘을 갖고 있는 죽음은 그들을 본성 그대로 진노 아래로 데리고 나옵니다.

(3) 죽음 안에는 우연성을 띠는 것이 있습니다. (제가 그렇게 표현할 수 있다면 말입니다.) 그리고 죽음이 '무서움의 왕'으로서 가까이 다가올 때 사람들을 사로잡는 크고 슬픈 고통이 있습니다. 때로 여러 환경들이 죽음을 두렵게 만들기 위해서 교묘히 연결되어 있는 것처럼 보이기도 합니다. 즉 죽음이 예상치 않은 시간에, 예상치 않은 방법으로 찾아와서 사람들을 두려움과 놀라움 속으로 몰아넣는 것입니다. 죽음은 사람들이 혐오스러워하고 꺼려하며, 때로는 수치스럽게 여기기도 하는 질병의 모습으로 찾아오기도 합니다. 죽음은 어떤 장소, 어떤 사람들과 함께 있을 때, 그리고 때로는 친구들이나 가족들과 멀리 떨어져 있을 때 찾아오기도 합니다.

(4) 죽음 안에는 그것을 두렵게 만드는 낯설고 불편한 것

이 있습니다. 지금 죽어가고 있는 사람은 전에 한 번도 그것을 경험해 본 적이 없습니다. 그리고 목숨을 잃는다는 것이 어떤 것이며, 얼마나 대단한 것인지 그에게 말해 줄 수 있는 사람도 없습니다. 죽음은 그가 전에 한 번도 경험해 보지 못한 것입니다. 그의 생각과 감정, 기쁨, 갈망, 계획들이 모두 처음의 모습과는 완전히 다른 모습으로 변화됩니다. 그가 즐거움을 느꼈던 것이 이제는 그에게 파멸과 고통만을 안겨 줄 뿐입니다. 세상에 대한 생각들이 전과는 완전히 다른 색깔을 띠고 다가오는 것입니다. 아무도 자신에게 어디서, 어떻게 항해를 해야 하는지 실질적인 지침이나 정확한 설명을 해 줄 수 없는 여행을 떠나야 한다면 그런 여행을 그토록 두려워하는 것은 당연한 일일 것입니다. 특별히 그리스도에 대한 믿음이 없는 자들에게는 자신들이 전혀 알지도 못하고 그토록 무섭고 끔찍한 결과를 직면해야 하는 죽음이 공포의 대상일 수밖에 없는 것입니다.

(5) 죽음과 함께 따라오는 것이 사람들을 두려움 속에 몰아넣습니다. 만약 인간이 단순하게 짐승과 다를 바 없이 티끌로만 돌아간다면 죽음은 견딜 만한 두려움일 것입니다. 그러나 가장 작은 죄라도 심판과 정죄를 피할 수 없는 곳에서, 한 번 선고된 심판은 두 번 다시 취소되거나 변경될 수 없는 곳

에서 크신 하나님의 심판대 앞에 서야 하고 그분의 거룩하고 혹독한 의의 손을 통과해서 가야 하는 불멸의 영혼을 소유하고 있다는 것은 오, 얼마나 두렵고 무서운 일인지요! 사람들이 건강할 때는 죽음에 대해서 전혀 생각하지 않지만 그때에도 어김없이 죽음은 항상 그들 곁에 있다는 것을 기억하십시오. 당신이 복음의 빛을 소유한 자라면 당신은 죽음을 경탄할 만한 일로 여길 것입니다. 그리고 죽음 뒤에 따라오는 것들에 대한 진지한 생각이 당신의 마음을 두려움과 당황함으로 몰고 가지는 않을 것입니다. 그러나 그리스도에 대해서 아무런 관심도 없이 죽는 것은 분명 가장 두렵고 끔찍한 일이 될 것입니다.

  2. 믿는 자들이 죽음의 두려움에 대하여 어떤 위로의 근거를 받았는지를 본다면 당신은 그들을 두려움으로 몰고 가는 것보다 그들이 훨씬 크고 강한 자들임을 깨닫게 될 것입니다. 믿는 자들이 죽음의 순간에 누리는 평안과 위로의 근거들을, 그리고 그 근거들로부터 흘러나오는 열매들을 생각해 보십시오. 그것들은 마음을 새롭게 하고 격려해 주며 새 힘을 공급해 줍니다. 당신은 그것들을 죽음의 시간에 대비하여 주의 깊게 쌓아 두어야 합니다. 그리고 그 시간이 찾아왔을 때 당신은 그것들에 대한 권리를 갖기 위해서 그에 합당한

삶을 살아야 할 것입니다.

믿는 자가 누리는 평안과 위로의 근거를 살펴보기 위해서는 첫째, 믿는 자의 죽음과 관련된 아주 작은 사건과 환경까지도 하나님의 섭리가 다스리신다는 것을 생각해야 합니다. "성도의 죽는 것을 여호와께서 귀중히 보시는도다"(시 116:15). 하나님께서는 그들의 죽음에 특별한 관심을 갖고 계십니다. 그것이 자연적인 죽음인지 그렇지 않은지, 오랫동안 시간을 두고 계속되는 죽음인지 혹은 갑작스럽게 찾아오는 죽음인지의 문제 등은 모두 그분에 의해서 정해지고 결정되는 것입니다. 다윗은 "주는 내 하나님이시라 하였나이다 내 시대가 주의 손에 있사오니 내 원수와 핍박하는 자의 손에서 나를 건지소서"(시 31:14, 15)라고 말했습니다. 하나님에 대한 그의 사랑이 그에게 있어서는 모든 것을 풀어 주는 열쇠였고 원수의 핍박으로부터 위로해 주는 힘이었습니다. 그의 생명에 종지부를 찍을 수 있는 권한은 사람의 손에 있지 않고 오직 하나님의 손에만 있었습니다.

둘째, 죽음에 관한 우리 주 예수님의 특별한 사명을 생각해 보십시오. 그분은 하나님께서 하늘과 땅의 모든 권세를 주신 중재자였습니다. 그러므로 요한이 죽음 앞에서 두려워할 때 그리스도께서는 그분의 손을 그에게 얹으시며 말씀하십니다. "두려워 말라 나는 처음이요 나중이니 곧 산 자라 내가 전에 죽었었노라 볼지어다 이제 세세토록 살아 있어 사망과 음부의 열쇠를 가졌노니"(계 1:17, 18). 경건한 자들은 마치 죽음이 아무 목적도 없이 그들을 사로잡을 것처럼 두려움에 떨거나 놀랄 필요가 없습니다. 죽음 자체가 열쇠를 갖고 있는 것이 아니라 그리스도께서 모든 것을 가지고 계시기 때문입니다. 세상은 그리스도께서 허락하시지 않는 한 성도의 육체적인 생명을 취할 수 없습니다. 이렇듯 그리스도께서 모든 것을 명령하시고 다스리시는 축복된 상태에 있다는 것이 당신에게 큰 위로가 되지 않습니까?

셋째, 우리 주님의 만족시키심과 죽음을 생각해 보십시오. 이것은 그 안에 많은 위로의 근거들을 가지고 있습니다. 그분께서는 죽으시고 무덤에 묻히셨습니다. 그것을 통해서 그분께서는 율법을 만족시키셨고 저주를 제거하셨습니다. "하나님이 죄를 알지도 못하신 자로 우리를 대신하여 죄를 삼으신 것은 우리로 하여금 저의 안에서 하나님의 의가 되게 하려 하심이니라"(고후 5:21). "그리스도께서 우리를 위하여 저주를 받은 바 되사 율법의 저주에서 우리를 속량하셨으니 기록된 바 나무에 달린 자마다 저주 아래 있는 자라 하였음이라"(갈 3:13). "우리를 거스리고 우리를 대적하는 의문에 쓴 증서를 도말하시고 제하여 버리사 십자가에 못박으시고 정사와 권세를 벗어 버려 밝히 드러내시고 십자가로 승리하셨느니라"(골 2:14, 15). 그분의 죽음은 죽음에 대한 우리의 승리입니다. 그분께서는 죽으심을 통해서 사탄의 권세를 멸하셨고 죽음을 멸하셨습니다. 호세아 13장 14절에서 "내가 저희를 음부의 권세에서 속량하며 사망에서 구속하리니 사망아 네 재앙이 어디 있느냐 음부야 네 멸망이 어디 있느냐"라고 되어 있듯이 말입니다. 그분께서 무덤에 누우심으로써 죽음은 더 이상 믿는 자들에게 두려움의 대상이 되지 않습니다. 그분께서 누우신 곳에 눕는 것을 그들이 두려워할 필요가 없기 때문입니다.

그분의 부활은 그 위로를 완성시킵니다. 그것은 죽음이 그분의 포로가 되었다는 것을 보여 줍니다. 죽음이 그분을 이긴 것이 아니라 그분께서 죽음을 이기셨고 사망 권세를 물리치셨음을 보여 줍니다. 그래서 믿는 자들은 이제 즐겁게 노래할 수 있습니다. "사망아, 네 재앙이 어디 있느냐? 음부야, 네 멸망이 어디 있느냐? 하나님께 감사의 찬양을 올려 드리자! 그분께서는 그리스도의 부활을 통해서 우리에게 승리를 주셨다! 그분께서는 우리를 대신해서 율법을 만족시키셨다!" 이것은 사도 바울이 거둔 승리의 근거입니다. 그는 이렇게 말합니다. "누가 능히 하나님의 택하신 자들을 송사하리요 의롭다 하신 이는 하나님이시니 누가 정죄하리요 죽으실 뿐 아니라 다시 살아나신 이는 그리스도 예수시니"(롬 8:33, 34).

율법과 의, 사탄과 죄에게 자기들의 주장을 하게 해 보십시오. 그것들에게는 더 이상 믿는 자에게 도전하거나 송사할 합당한 근거가 없습니다. 모든 빚이 지불되었기 때문입니다. 그리스도께서 죽으시고 다시 일어나셨으며 모든 빚을 온전히 갚으셨습니다. 이것이 믿는 자가 누리는 위로의 근거입니다. 믿는 자에게 도전할 모든 권한을 막기 위해서 그리스도께서 죽으셨다는 것을 꼭 명심하십시오.

더 나아가서 그분의 중보 또한 그 위로를 완성시킵니다. 그분께서는 믿는 자를 홀로 죽게 내버려 두지도, 홀로 살게 내버려 두지도 않으시기 때문입니다. 그분께서는 우리를 값을 주고 사신 것의 유익이 곧 나타날 것이라고 말씀하십니다. 그리고 그것은 그분의 기도에 잘 나타나 있습니다. (그리고 지금 하늘에 계신 그분께서는 이 땅 위에 계실 때와 동일한 분이십니다.) 그분은 이렇게 말씀하십니다. "아버지여 내게 주신 자도 나 있는 곳에 나와 함께 있어 아버지께서 창세 전부터 나를 사랑하시므로 내게 주신 나의 영광을 저희로 보게 하시기를 원하옵나이다"(요 17:24). 그분의 중보 기도를 요약하면 곧 믿는 자들을 승리자로 만드는 것입니다. 그리고 그것은 그들이 온전하게 승리자가 될 때까지는 온전히 만족되지 않을 것입니다. 믿는 자가 자신을 위해서 기도할 수 없을 때, 그의 의식이 희미해지거나 완전히 사라질 때, 그리고 다른 사람들의 기도가 그에게 힘이나 격려가 되어 주지 못할 때 그것은 커다란 위로의 근거가 됩니다. 그때에도 그는 그리스도의 중보의 은혜를 통해서 그 위로에 도달할 수 있기 때문입니다.

넷째, 죽음의 순간과 죽음을 통과하는 시간에 하나님의 언약과 그분의 사랑, 그분의 신실하심을 생각하십시오. 다윗은 죽음에 대해서 스스로를 위로하려고 할 때 (그것이 그의 의도였던 것으로 보입니다.) 하나님께서 자신과 세우신 언약의 근거에서 위로를 이끌어 냅니다. "하나님이 나로 더불어 영원한 언약을 세우사 만사에 구비하고 견고케 하셨으니"(삼하 23:5). 그리고 그 언약은 하나님의 다섯 가지 속성으로 선포됩니다. 그것은 죽음에 대한 가장 위로 넘치는 말입니다.

첫째, 하나님의 사랑입니다. 그것은 죽음보다도 강합니다. 죽음은 결코 그것을 이길 수 없지만 그것은 죽음을 이기기 때문입니다. 사도 바울은 "누가 우리를 그리스도의 사랑에서 끊으리요 환난이나 곤고나 핍박이나 기근이나 적신이나 위험이나 칼이랴 …… 그러나 이 모든 일에 우리를 사랑하시는 이로 말미암아 우리가 넉넉히 이기느니라"(롬 8:8:35, 37)라고 말했습니다. 하나님의 사랑은 믿는 자가 삶에서뿐만 아니라 죽음 속에서도 모든 것을 이길 수 있게 해 줍니다. 그것은 무한히 광활하며 영원히 지속되는 것이기 때문입니다.

둘째, 하나님의 신실하심입니다. 믿는 자에게 있어서 하나님의 신실하심은 무엇보다도 확실한 언약의 보증입니다. 그리고 그것은 죽음이 결코 빼앗아갈 수 없습니다. 그렇게 해서 하나님은 죽은 자의 하나님이 아니라 산 자의 하나님이 되시는 것입니다. 아브라함은 죽었지만 하나님께서는 여전히 그의 하나님이십니다. 언약의 관계는 사라지지 않습니다. 그러나 하나님께서 아브라함이 살아 있는 동안 그와 체결하신 언약을 신실하게 지키셨듯이 그의 죽음의 순간에도 동일한 신실함으로 그 언약을 지키십니다. 신실함이야말로 언약을 온전하게 이루어지게 만들고 믿는 자들로 하여금 그 언약을 소유할 수 있게 하는 확실한 증표입니다.

셋째, 하나님의 지혜입니다. 그분의 지혜는 언약을 체결하는 합리적인 과정에서 잘 드러납니다. 그래서 그것은 살아 있을 때뿐만 아니라 죽음의 순간에도 우리에게 커다란 위로를 줍니다. 그것은 모든 것 안에서 질서와 조화를 이룹니다. 언약 안에 있는 은혜와 자비의 약속들은 이 세상에서 믿는 자의 생애를 통해서 죄 사함을 줄 뿐만 아니라 죽음의 순간에 감각과 감정이 사라졌을 때도 평온하고 잠잠히 죽음을 맞이할 수 있게 해 줍니다.

넷째, 하나님의 공의로움입니다. 하나님의 공의로움은 가장 두려운 것처럼 보이지만 실상은 죽음의 순간에 믿는 자들에게 커다란 위로를 주는 것입니다. 사도 바울은 "이제 후로는 나를 위하여 의의 면류관이 예비되었으므로 주 곧 의로우신 재판장이 그날에 내게 주실 것이니 내게만 아니라 주의 나타나심을 사모하는 모든 자에게니라"(딤후 4:8)라고 말하고 있습니다. 그리스도께서 너무나 귀한 값을 주고 사신 것을 하나님께서 모든 믿는 자에게 주시고, 위로받고자 그분께 나온 자들에게 위로를 주시는 것은 오히려 하나님의 공의를 드러내는 것입니다. 비록 그분께서 믿는 자들의 공로에 따라 그들을 구원해 주시는 것은 아니지만 그들에게 베풀어 주시는 상급은 분명히 있기 때문입니다.

다섯째, 하나님의 능력입니다. "너희가 말세에 나타내기로 예비하신 구원을 얻기 위하여 믿음으로 말미암아 하나님의 능력으로 보호하심을 입었나니"(벧전 1:5). 그분께서는 말쏨을 하셨고 말씀하신 것을 능히 이루실 수 있으며 또 그렇게 하실 것입니다. 그리고 유혹이 어느 때보다도 강한 죽음의 순간에 그들을 돕고 지켜 주시는 것만큼 그분의 능력이 더 빛을 발하는 때도 없습니다.

다섯 번째, 성령의 역사하심을 생각해 보십시오. 이것은 그분의 위로하시는 사역으로 볼 수 있습니다. 그분께서 우리의 심령 안에서 증거하시는 양자의 영이시기 때문입니다. 또는 내면의 욕구를 멸하는 그분의 거룩함과 절제의 사역으로 볼 수 있습니다. 또는 힘을 주고 소생시키는 사역으로 볼 수도 있습니다. 그분께서는 그 사역을 통해서 믿는 자들 안에 있는 생명을 지켜 주십니다. 그리고 그에게 다가오고 있는 죽음과 천국에 대한 간절한 소망을 주십니다. 이런 마음을 더 간절히 가질수록 그는 더 잠잠하고 평안하게 죽음을 맞이할 수 있습니다. 하나님의 씨가 그의 안에 있을 뿐만 아니라 그의 안에서 살아 있는 생명으로 보호되고 있습니다. 하나님의 섭리, 그리스도의 죽음, 부활, 중보와 그분의 사역의 성취, 하나님의 언약과 그분의 모든 속성이 성령의 사역과 더불어 모두 믿는 자를 위해서 결합되었다면 죽음의 순간 그를 돕는 위로 넘치는 도우심으로 다른 무엇이 필요하겠습니까? 그러나 이 모든 것은 하나님께서 예수 그리스도를 통해서 하나님과 화평을 이룬 모든 자에게 허락해 주신 것들입니다. 그렇다면 주 안에서 죽는 자들이 진정 복을 받은 자들이 아닙니까?

이 근거로부터 수많은 열매들이 흘러나오고 하나님의 사랑과 영원한 언약의 수많은 열매들이 있음으로 인해 위로를 얻으십시오. 하나님께서는 천사들에게 죽음에 처한 믿는 자들을 도우라는 사명을 주십니다. 그것은 다름 아닌 아브라함의 품에 그들의 영혼을 호위하며 안내하는 역할입니다(눅 16장). 천사들에게 영혼들이 살아 있는 동안 그들을 섬겨야 할 사명이 있다면 그들이 죽을 때에는 더욱더 그들을 섬겨야 하지 않겠습니까? 하나님께서는 그들을 너무나 귀히 여기시기 때문에 천사들로 하여금 (한 명 이상) 그들을 섬기게 하십니다. 그리고 그 섬김이 성부, 성자, 성령님으로부터 비롯되어 나오는, 앞에서 언급한 위로의 근거들과 동일한 수준은 아니라 할지라도 사역자도 친구들도 위로하지 못할 때 영광스러운 천사들이 그들과 영원히 함께 거하며 그들을 천국으로 호위한다는 것은 커다란 위로가 아닐 수 없습니다. 또한 그 역할은 천사들에게도 가장 영광스럽고 명예로운 직분일 것입니다.

영혼이 죽음 뒤에 즉시 누리는 축복이 있습니다. 이미 말했듯이, 그것은 영혼이 아브라함의 품이나 혹은 그보다 더 좋은 예수 그리스도의 품으로 즉시 인도되는 것입니다. 믿음 안에서 죽은 자들은 이 세상의 질병과 고통으로부터 완전한 자유를 누립니다. 그곳에는 죄도, 의문도, 참소도, 십자가도, 어려움도, 삶의 무게도 없습니다. 그들의 눈에서는 모든 눈물이 씻겨질 것이고 그들의 입술에서는 모든 한숨이 날아가 버릴 것입니다. 그들은 또한 이 세상에서 그들을 사로잡았던 모든 근심과 불안으로부터 완전한 자유를 누립니다.

그들은 또한 소망을 품도록 인도함을 받습니다. 그들은 즉시 하나님과 그리스도를 눈에 보이는 분처럼 즐거워하도록 인도함을 받습니다. 그들은 모든 완벽함을 제공받습니다. 어떤 것도 부분이 아닌 온전한 전체로 받습니다. 그들은 지식에 있어서도 온전하며 그들이 품었던 모든 의문에 대해서도 선명한 해답을 얻습니다. 이 세상에서는 많은 분쟁과 갈등 속에서 오랜 토론을 벌여도 결코 선명하고 만족스러운 결론을 얻지 못했던 것들이 예수님을 한 번 보자마자 곧 만족한 해답을 얻게 됩니다.

천국의 모든 특권을 누릴 수 있는 권한이 주어집니다. 그들은 아브라함과 이삭, 야곱, 모세, 사무엘, 다윗, 그리고 다른 많은 선지자들과 바울, 야고보, 요한과 다른 많은 사도들과 함께 보좌에 앉습니다. 그곳에서 그들은 하나님과 어린 양의 얼굴을 대면하여 볼 것입니다. 그분을 섬기고 찬양하며 경배하는 모든 이의 얼굴에서는 지치거나 억지로 하는 표정을 전혀 찾아볼 수 없습니다. 그것이야말로 가장 복되고 평안한 삶이 아니고 무엇이겠습니까? 그럼에도 여전히 믿는 자가 죽음을 망설여야 하겠습니까? 특별히 그가 이 세상에서 얼마나 비참한 삶을 살고 있는지를 생각한다면, 그리고 이 세상에 있는 모든 헛되고 부질없는 그림자와 휘황찬란한 광경들이 그곳에서 어떻게 본질적이고 견고하며 영원한 만족을 주는 것들로 대체되는지를 생각한다면 죽음을 마음껏 환영하십시오.

믿는 자에게는 몸의 부활이 있습니다. 이 장막 집은 무너져서 티끌로 돌아가지만 다시 새로운 몸이 부활할 것입니다. 이사야 26장에 나오는 노래의 한 부분이 그것을 분명하게 입증하고 있습니다. "주의 죽은 자들은 살아나고 우리의 시체들은 일어나리이다 티끌에 거하는 자들아 너희는 깨어 노래하라 주의 이슬은 빛난 이슬이니 땅이 죽은 자를 내어놓으리로다"(19). 겨울 동안 땅 속에 묻혀 있는 식물이 눈에 보이지는 않지만 그 뿌리가 여전히 땅 속에 남아 봄이 되면 땅을 뚫고 나오듯이 믿는 자의 몸은 어린 양께서 어디를 가시든지 그분을 좇아갈 수 있는 민첩함과 기질을 지니고 다시 불멸의 존재로 일어나게 될 것입니다. 타락과 부끄러움 속에서 뿌려지고 땅 속에 누운 지 얼마 되지 않아서 부패하는 이 육신은 예수 그리스도의 영광스러운 몸을 닮은 부패하지 않는 영원한 몸으로 영광 가운데서 다시 일어나게 될 것입니다. 자기 발로 무덤까지 갈 수도 없는 정도의 연약함 속에서 뿌려진 이 몸이 아니, 어떤 생명도, 움직임도, 감각도, 느낌도 없는 이 몸이 능력 안에서 다시 일어나게 될 것입니다. 고린도전서 15장에 나오는 사도 바울의 위로 넘치고 힘을 주는 말씀에서 볼 수 있듯이 말입니다. 거기에서 그는 부활의 위대한 진리를 분명하게 밝혀 주고 있을 뿐만 아니라 그를 비롯한 믿는 자들이 죽음에 대해서 갖고 있는 위로의 근거가 무엇인지를 보여 주고 있습니다.

마지막으로 고대하던 부활의 날이 임할 때 영혼과 육신이 어떻게 될지 생각해 보십시오. 오랫동안 하나로 있었던 이 두 개체가 분리될 때보다 더 좋은 모습으로 다시 합쳐지게 되는 때가 언제가 될지 생각해 보십시오. 그때부터는 육신과 영혼 사이에 갈등도 씨름도 없이 오직 하나님의 아름다운 연합을 누리는 거룩한 조화만이 있을 뿐입니다. 그리고 하나님을 섬기고 그분을 기뻐하는, 하나님으로 인해 만족하고 영원히 그분과 함께 거하는 아름다운 연합만이 있을 뿐입니다. "우리가 항상 주와 함께 있으리라 그러므로 이 여러 말로 서로 위로하라"(살전 4:17, 18). 그들이 심판의 날에 갖게 될 커다란 영광과 그것을 따라오는 축복을 생각해 보십시오.

그리스도를 믿는 자들이 죽음에 대하여 스스로를 위로할 근거를 갖고 있는 것을 보면서, 그 근거들로부터 향기롭고 탁월한 열매가 흘러나오는 것을 보면서, 그리고 하나님께서 그분의 지혜로 이 악한 세상을 떠나도록 자기 백성들을 부르실 때 죽음이 결코 끝이 아니라 아름다운 시작이라는 것을 보면서 당신은 잠잠히 죽음을 맞을 수 없습니까? 그리고 넘치는 위로를 받을 수 없습니까?

— 적 용 —

믿는 자를 권면하기 위해서. 첫째, 이 위로를 쌓아 두십시오. 둘째, 하나님께서 당신을 위해서 살았을 때나 죽음의 순간에나 그리고 죽은 후에도 너무나 선하게 베풀어 주신 위로로 인하여 그분을 찬양하십시오. 셋째, 그분께서 당신을 이토록 복된 곳으로 이끌어 오시기를 기뻐하셨음으로 인해 그분을 찬양하십시오. 그분께서는 당신을 살았을 때나 죽었을 때나 철저히 위로받을 수 없는 상태로 남겨 두실 수도 있었습니다. 그분께서 자기 아들 예수 그리스도를 주셨음으로 인해, 그분께서 오셨고 그분을 통해서 은혜가 당신에게까지 이를 수 있었음으로 인해 그분을 찬양하십시오. 그것은 당신으로 하여금 거룩한 다윗과 함께 경탄과 감격에 차서 "주 여호와여 나는 누구오며 내 집은 무엇이관대 나로 이에 이르게 하셨나이까"(삼하 7:18)라고 부르짖게 만들 것입니다.

그러나 좀더 구체적으로 말하고 싶은 것 두 가지가 있습니다. 첫 번째는 이 말씀을 가지고 말한 모든 것을 요약하여 당신에게 권면하는 것입니다. 그것은 곧 당신이 그리스도 안에서 죽을 수 있도록 삶을 사는 법을 연구하라는 것입니다. 그리스도 안에서 맞이하는 죽음은 세상의 어떤 것도 견줄 수 없는, 너무나 크고 강한 위로의 근거들을 가지고 있습니다. 당신으로 하여금 그리스도에 대한 믿음을 갖게 만들고 자신의 부르심과 택하심을 견고히 하도록 이끄는 다른 강력한 동기가 없다면 죽음의 순간에 큰 위로를 주는 이 근거들이 그 역할을 감당할 것입니다. 그것은 결코 부정할 수 없을 정도로 확실하고 안정적이며 지속적인 위로의 근거입니다. 다른 위로의 근거들은 죽음의 순간에 완전히 사라져 버립니다. 그것들은 단지 비참하고 보잘것없는 위로자에 불과할 뿐입니다. 그러나 이 위로의 근거들은 율법에 대해서, 죄의 의문과 사탄에 대해서 마음을 지켜 줄 것입니다.

그리스도를 믿는 자를 향하여 선고를 내리는 수백만 개의 악한 영들과 죄의 질문과 그가 범한 율법이 있다고 합시다. 그러나 여기에서 언급한 이 모든 것에 대하여 그를 위로해 주는 강력하고 놀라운 위로의 근거가 있습니다. 그는 당당히 나타나서 자신에 찬 목소리로 "나를 대항하는 것보다 나와 함께 있는 것이 더 많다."라고 말할 수 있습니다. 그에게 있어서 사망은 더 이상 쏘는 것을 잃고 죄는 그 권능을 잃습니다. 그리고 그는 시간의 한계를 뛰어넘어서 찬양과 승리의 노래를 부르며 영원한 세계로 들어갑니다. 그리고 이사야 57장 1, 2절에 나오는 것처럼 침상에 눕듯이 잠잠히 확신에 차서 죽음을 맞이합니다.

그러므로 당신이 삶의 길을 택하고자 한다면 그리스도 안에서 삶을 살 수 있는 길을 택하십시오. 그것은 지금까지 제가 말한 모든 것의 핵심입니다. 죽음의 순간에 당신이 복된 자가 될 수 있도록 그분 안에서 삶을 살고 그분 안에서 죽음을 맞이하십시오.

저는 이것을 당신에게 강조하기 위해서 단지 한 가지 고려해 볼 문제를 제안하고자 합니다. 그것은 바로 삶을 살고 죽는 방식이 모든 것의 속성을 바꾸는 것을 포함한다는 것입니다. 인간이 하나님과 적대 관계에 있을 때에는 그를 둘러싼 모든 것이 그에게는 참소의 근거가 됩니다. 그러나 그가 하나님과 좋은 관계에 있을 때 모든 것이 그에게 축복의 근거가 됩니다. 그리고 그를 둘러싼 모든 것이 합력하여 선을 이룹니다(롬 8:28). '모든 것'은 당신의 것입니다. 사도 바울은 "바울이나 아볼로나 게바나 세계나 생명이나 사망이나 지금 것이나 장래 것이나 다 너희의 것이요"(고전 3:22)라고 말했습니다. 그것들은 모두 당신을 섬기는 것들입니다. 그것들은 모두 그것들을 축복의 도구로 이용할 수 있는 당신의 것입니다. 그것들은 당신의 선을 위해서 함께 협력합니다. 그리고 당신에게 영광을 가져다 주는 데 기여합니다.

훈육을 위하여. 그리스도 안에서 죽음을 맞이할 수 있도록 삶을 살지 않은 자들이 얼마나 엄청난 손해와 불이익을 당해야 하는지를 보십시오. 당신은 그런 위로를 전혀 누릴 수가 없습니다. 우리 중에 믿음으로 그리스도께 의지하고 거룩하게 살며 본이 되는 아름다운 삶을 통해서 그분께 찬양을 올려 드리기로 결심하지 않는 사람들은 그런 위로를 받기 위해서 감히 손조차 내밀 수 없을 것입니다. 이 두려운 말씀에 귀를 기울이십시오. "너희가 도적질하며 살인하며 간음하며 거짓 맹세하며 바알에게 분향하며 너희의 알지 못하는 다른 신들을 좇으면서 내 이름으로 일컬음을 받는 이 집에 들어와서 내 앞에 서서 말하기를 우리가 구원을 얻었나이다 하느냐"(렘 7:9, 10). 당신은 가증하고 패역한 삶의 길을 택하면서 하나님의 언약으로부터 어떤 은혜를 받을 수 있기를, 그분의 은혜의 구원의 열매를 얻을 수 있기를 기대합니까? 하나님께서 패역한 이스라엘을 벌하셨듯이 그분께서는 당신 또한 벌하실 것입니다. 그리고 당신을 저주받은 자로 부르시며 자기 백성들과 구별하실 것입니다. 또한 하나님의 진노가 당신을 향해서 발해질 것입니다. 은혜 받지 못한 단 한 명의 죄인도 경건한 자들의 수많은 무리 속에 숨어들 수 없습니다. 천사들이 당신을 그들과 구별 지을 것이고 심판자께서 당신을 "나는 너희가 어디로서 왔는지 알지 못하노라 행악하는 모든 자들아 나를 떠나가라"(눅 13:27)라는 비통한 선고와 함께 그들로부터 멀리 떨어지게 만드실 것입니다. 경건한 자들에게 내려지는 "오너라. 내 아버지의 복된 자여!"라는 선고가 그들에게 평안과 위로를 주는 만큼 당신에게는 너무나도 끔찍하고 두려운 것이 될 것입니다.

 자신이 좋은 죽음을 맞이할 것이라고 생각하면서도 잘 사는 것에는 전혀 관심이 없는 자들은 모두 이것에 주의를 기울이십시오. (그것은 전혀 놀랄 일이 아닙니다. 그토록 패역한 발람도 의인처럼 죽기를 갈망했기 때문입니다.) 이 모든 교리의 요점에 이르게 되면 당신은 참된 행복이 바로 다음의 문제에 달려 있다는 것을 알게 될 것입니다. 그것은 바로 당신이 진정 주님의 능력 안에서 그리스도 안에서 죽기 위한 삶을 사느냐 그렇지 않느냐의 문제입니다. 만일 당신이 전자의 삶을 산다면 복음의 모든 위로가 당신의 것이 될 것입니다. 그러나 그렇지 않다면 그 모든 것은 결코 당신의 것이 될 수 없을 것입니다. 오직 주 안에서 죽는 자들에게만 행복이 보장되어 있습니다. 그러나 그와 반대로 그분을 위해서 삶을 살지 않고 그분 안에서 죽음을 맞지 않는 사람들에게 하나님은 살았을 때나 죽었을 때 모두 그들의 적이 되십니다. 그분의 저주가 그들을 이 세상에서도 따라다닐 뿐만 아니라 무덤 속까지도 그들의 곁을 떠나지 않을 것이기 때문입니다.

죽음의 순간에 죄의 의문은 배로 증가하게 될 것입니다. 그때 죽음은 그 쏘는 것을 발할 것이며 죄는 그 권능을 행사할 것입니다. 그때 무덤은 그리스도 안에서 죽지 못한 자들에게서 완전한 승리를 얻을 것입니다. 그것은 그들을 한 입에 삼켜 버릴 것입니다. 그러나 그것은 결코 경건한 자들에게는 그렇게 할 수 없습니다. 그리스도 안에서 죽지 않고 자신의 죄 속에서 죽는 악한 자들을 억눌렀던 죽음은 그들 앞에서 그 지배력을 잃을 것입니다. 죽음과 저주는 그리스도 안에서 삶을 살지 않고 죽음을 맞는 모든 자에게 파멸을 가져옵니다. 그것은 그들을 삼켜 버리고 영원토록 소멸시켜 버립니다. 첫 번째 죽음이 끝나고 난 후 두 번째 죽음이 그들을 사로잡고 그 잡은 손아귀에서 결코 그들을 놓아 주지 않을 것입니다.

이제 두 가지를 말하므로써 이 모든 것의 결론을 맺겠습니다. 첫째, 그리스도 안에 거하고 그분 안에서 삶을 살아가는 당신에게 말합니다. 비록 당신이 갈망했던 모습과 당신에게 요구되는 삶에 못 미치는 삶을 살았더라도 당신이 하나님으로부터 말로 표현할 수 없는 얼마나 큰 위로를 받았는지 생각해 보십시오. 그분께서는 모든 위로의 하나님이십니다. 이 세상에서의 당신의 상황이 어떠하든 그것은 모두 얼마 안 있어 끝이 나게 될 것입니다. 그러므로 죽음의 공포에 대하여 하나님께서 당신에게 주신 위로의 근거들로 인해 담대함을 가지십시오. 그리고 당신이 그 위로를 손상시키지 않도록 삶을 살아가십시오. 그와 동시에 당신에게 그토록 좋은 소망의 근거를 주신 하나님을 찬양하십시오. 당신은 진정 위로가 넘치는 삶을 소유하고 있는 자입니다. 당신은 그리스도 안에서 삶을 살지 않았던 이 땅의 모든 왕들과 모든 영웅들이 소유했던 것보다 더 큰 것을 소유하고 있는 자입니다. 그러나 지금 당신은 죄악으로 인해 당신을 위해서 그토록 좋은 것들을 공급해 주신 하나님을 찬양해야 할 의무를 놓치고 있는지 모릅니다. 그리고 그분으로부터 오직 그분께만 합당한 영광을 도적질하고 있는지 모릅니다.

둘째, 하나님께서 오직 그 길로만 오도록 경계를 정하신 길을 부디 택하십시오. 주 안에서 죽는 것은 그것과 함께 주어지는 모든 위로를 누릴 수 있는 위대한 특권입니다. 그리고 그분 안에서, 그분을 위해서 삶을 사는 것은 그분 안에서 죽고자 하는 모든 이에게 필수적인 사항입니다. 이것은 하나님의 아들을 믿는 믿음 안에서 사는 것입니다. 그리고 그리스도처럼 사는 것입니다. 그리스도께서 당신 안에서 사시고 당신이 그분 안에서 살 수 있도록 삶을 사는 것입니다. 진실하고 엄밀한 의미에서 그분과의 연합이 확인되고 그 열매가 밝히 드러나는 것입니다. 한마디로 말해서 그것은 그분과의 끊임없는 교제 속에서, 그분과의 온전한 연합과 합일에 대한 친밀하고 지속적인 추구 안에서 사는 것입니다.

저는 감히 그런 삶을 살고 있는 당신에게 말합니다. 은혜를 통해서 그런 삶의 길을 선택한 당신, 당신은 분명 행복한 죽음을 맞게 될 것입니다. 주님께서 친히 그것을 말씀해 주셨기 때문입니다. 그리고 그분께서는 그것을 반드시 지키실 것입니다. "주 안에서 죽는 자들은 복이 있도다." 그분께서는 죽음의 순간뿐만 아니라 죽음 후에도 주 안에서 죽는 모든 자에게 축복을 약속하셨습니다.

다른 한편, 당신이 세상적인 사람들처럼 부주의하게 삶을 살면서 죽음에 대해서 생각하지 않는다면, 그리고 죽음을 준비하려는 노력을 전혀 기울이지 않는다면 저는 당신이 그분의 백성들이 누리는 이 위로들과 아무 관계가 없다는 것을 말하지 않을 수 없습니다. 또한 당신은 그것에 대해서 아무런 권리도 주장할 수 없을 것입니다. 우리 주님께서 그것을 확인시켜 주실 것입니다. 만약 그것이 사실이라면 당신은 무엇으로 위로를 삼겠습니까? 비록 당신이 세상에서 가장 권력 있고 부유하며 번영을 누리는 나라의 왕이요, 왕비라 할지라도 당신을 위로해 줄 것은 이 세상에 아무것도 없을 것입니다.

비참한 죄인이여, 비록 지금은 당신이 세상의 기쁨과 환락 속에서 살고 있다 할지라도 당신의 웃음과 기쁨, 노래와 춤은 얼마 안 있어서 슬픔과 애통함으로, 눈물과 울부짖음과 이를 갊으로 변하게 될 것입니다. 당신의 기쁨과 웃음은 끝이 나고 당신의 눈물과 울부짖음이 시작될 것입니다. 그러나 그것은 시작은 있지만 결코 끝은 없을 것입니다. 그렇다면 죄 속에서 죽는 것과 그리스도 안에서 죽는 것 사이의 차이는 우리가 상상할 수도 없이 큰 것이 아닙니까? 이 모든 결과가 당신이 삶을 사는 방식에 달려 있습니다. 당신이 영원한 형벌과 파멸로 가고 싶지 않다면, 당신의 삶을 후회하지 않고 싶다면, 당신의 날이 끝나기 전에, 그분과 당신 사이의 모든 문제가 더는 회복할 수 없는 상태가 되기 전에 그분 안에 거하고 그분 안에서 삶을 살며 그분에 의지해서 삶을 살아야 하지 않겠습니까?

이제 그 일을 할 수 있는 유일한 분이신 하나님께서 능력으로 임하시어 당신이 그리스도 안에서 죽음을 맞이할 소망을 합당하고 견고한 바탕 위에서 소유할 수 있도록 당신의 마음을 주장해 주시기를 간구합니다. 오직 주 안에서 죽고 저희 수고를 그치고 쉬며 저희의 행한 일이 따라오게 될 자들만이 진정 복된 자들이기 때문입니다.

사전에도 베스트셀러가 있습니다

단권 기독교백과사전
《기독교대백과사전》을 단 한 권에!

《기독교대백과사전》 완간 이후 새로 발굴된 자료와 최신 신학정보 등을 추가하여 2천여 항목을 보완했으며, 기독교 이해에 꼭 필요한 내용 1만 4천여 항목을 선정, 요약해 기독교에 대한 핵심적 이해를 돕고 있다. (편찬위원회 편 | 사륙배판 | 1770쪽)

CLP성경사전
휴대하기 편리한 성경연구의 길잡이!

《기독교대백과사전》에 수록된 성경 관련 항목들을 요약해 펴낸 평신도와 기독교 초보자를 위한 성경사전으로 9천6백 여 항목에 다양한 화보와 지도를 첨가하여 성경을 연구하고 이해하는 데 편리를 더했다. (편찬위원회 | 사륙판 | 1682쪽)

기독교사전
기독교인을 위한 안내서!

짧은 시간 안에 정확한 정보를 파악할 수 있도록 응축된 기독교 지식과 자료를 담았다. 평이한 문체로 서술했으며 성경, 역사, 신학, 종교, 예술 등 다양한 최신 정보와 자료를 총망라했다. (한영제 편 | 사륙판 | 1096쪽)

최신성서핸드북
세계적인 베스트셀러!

세계적인 성서학자 할레이 박사가 50여 년 동안 심혈을 기울여 저술한 책으로 여러 나라 언어로 번역되었으며, 각국의 성서학교에서 표준 성서연구 안내서로 인정받고 있다. (할레이 지음 | 박양조 옮김 | 신국판 | 1012쪽)

성경성구사전
성경사전과 성구사전이 하나로!

종합적이고 체계적으로 성경사전과 성구사전을 재편집하여 활용도를 극대화했으며 1,000여 개의 항목과 300여 점의 각종 자료를 수록했다. (박양조 편 | 사륙판 | 858쪽)

엉거성경전서해설
성경 주해 전체를 단 한 권에 수록!

보수적인 입장에서 성서의 메시지를 정확하고 감명 깊게 전달할 훌륭한 해설서로서 성서 전체의 연관성을 강조하고, 성서 각 권의 특색을 정확하게 요약했다. (편찬위원회 편 | 사륙판 | 1682쪽)

http://www.kclp.co.kr   e-mail: kclp@kclp.co.kr

설교를 돕는 주제별 이야기 시리즈

성경에서 골라낸
1,246가지 이야기

성경을 쉽고, 유익하고, 가깝게 전하기 위해 성경 66권과 구약의 외경 가운데서 짧으면서도 유익한 1,246가지 이야기를 한 권에 담았다.(편집부 편 | 신국판 | 514쪽)

교회사에서 골라낸
1,882가지 신앙이야기

예수 그리스도를 주로 고백하는 신앙공동체가 엮어낸 교회사 속에서 시공간을 초월한 아름답고도 감동적인 이야기들을 엄선했다.(편집부 편 | 신국판 | 926쪽)

신앙과 감동이 담긴
1,823가지 문학이야기

기독교 신앙을 바탕으로 한 문학 작품 속에서 신앙과 감동이 담긴 이야기들을 주제별로 담았다.(편집부 편 | 신국판 | 880쪽)

지혜와 교훈이 담긴
5,562마디 말씀

지혜와 교훈이 담긴 동서양의 속담, 격언, 명언 형태의 짧은 글들을 주제별로 엮었다.(편집부 편 | 신국판 | 680쪽)

한국교회를 이끌어 온
1,567 영성이야기

한국교회사 속에서 신앙적 깊이와 감동이 있는 이야기만을 엄선해서 구성했다.(편집부 편 | 신국판 | 832쪽)